梦里梦外，

哪个是真的你？

中国解梦师解梦实录

职场真相

成实宗 著

中国商业出版社

图书在版编目（CIP）数据

中国解梦师解梦实录．职场真相／成实宗著．—北京：中国商业出版社，2012．4
ISBN 978-7-5044-6964-9

Ⅰ．①中… Ⅱ．①成… Ⅲ．①梦—精神分析
Ⅳ．①B845．1

中国版本图书馆CIP数据核字（2012）第053575号

责任编辑：王　彦

中国商业出版社出版发行
010-63033100 www.c-cbook.com
（100053 北京广安门内报国寺1号）
新华书店总店北京发行所经销
北京慧美印刷有限公司印制

* * * * *

700毫米×980毫米 1/16开 17印张 230千字
2012年6月第1版 2012年6月第1次印刷

定价：32.90元

* * * *

（如有印装质量问题可更换）

目 录

一、初涉职场之注意事项

——女怕爱错郎，男怕入错行

离开父母，进入社会，完全离开了家庭的庇护，进入到职场这样一个弱肉强食的丛林之中，就如同沙滩上刚刚出生的小海龟要爬向大海，必须经过居高临下的海鸟的饕餮吞食这一关一样，只有勇敢和幸运并存，才能够成为幸存者。因此，初涉职场面临着各种陷阱、困惑和诱惑，能不能顺利地渡过这一难关呢？那就要看个人的造化了。

初涉职场其实要注意的事项很多，但是最关键的只有两点：爱错郎与入错行。面对未来的职业选择和各种情感诱惑，这一关如何过，或者说，这一关能不能顺利渡过，在很大程度上决定了你未来的职业之路。

俗语说“三岁看大，七岁看老”，三岁至七岁时我们的经历就基本上可以奠定一生命运。职场也是如此，你的职场前三年至五年的状态也基本上决定了你未来在职场上能够走多远。

如果你够幸运，进入了一个你喜欢的行业，而且遇到了一位伯乐，那么，你未来的职场之路就不会差到哪里去，靠这三五年打下的基础基本上可以让你在职场吃一辈子了。而如果你是一名女生，初入职场不可避免地会受到一些诱惑，这些诱惑有的来自外界，有的却与外界无关，而是来自于你的内心。面对这些诱惑，怎么办？是接受还是坚拒？或者还有第三条中间路可走？这就要看你的造化了。

初涉职场之惑——无论是困惑还是诱惑，其实并不是一件坏事，因为成长从来不是一帆风顺的，成长的过程就是一个面对问题和解决问题的过程。问题来了，说明机会来了；没有问题，说明没有机会。我们要作好准备，当困惑或者诱惑来临时，正确面对……

二、职场潜规则之应对方式

——兵来将挡，水来土掩

当我们说到职场潜规则时，其实包含两个含义，一个是关于两性关系的潜规则，也就是常说的职场性骚扰；另一个与性无关，是关于企业文化方面的潜规则，那就是说一套做一套的企业文化。

先来说性骚扰潜规则。据有关数据显示，职场女性中竟然有一半以上的人曾经遭遇过潜规则。遇到这样的情况，你是如何应对的呢？或者说，你该如何应对呢？如同人与人之间的关系一样，并不是非此即彼的，面对职场潜规则，你很难用一种绝对的方式来处理。其实我们要做的，就是把握住基本的底线：职场中哪有不逢场作戏的呢？然而，逢场作戏久了很容易戏假情真。因此，把握住自己的心，跟着自己的心走，不要受职场利益的诱惑，不要丧失自己基本的做人原则和准则，这恐怕是应对职场潜规则最重要的方法吧。

再说企业文化，每个企业的企业文化都是充满理想、正义和正确的价值观的。然而，是不是每个企业都是按照本企业文化的要求行事的呢？可以这样说，大部分的企业都不是这样的。有些企业，如果你信以为真，并且真的按照企业文化的要求去做，那么，你很快就会 game over（游戏结束）了，因为很多公司的企业文化都是挂在墙上和挂在老板嘴上的，并不是公司真正的文化。他们真实的企业文化一般都是潜规则，是你看不见摸不着但是大家都遵循的规则——你懂的。

所以，对待职场潜规则，无论是性骚扰还是文化潜规则，我们不要害怕，而是要淡定，采取兵来将挡、水来土掩的应对方式。如果实在顶不住了，没关系，走人。

三、职场人际关系之处理原则

——避免冲突，留有余地

有人的地方就有江湖，有江湖的地方就有恩怨，因此，职场人际关系的处理是很重要的一件事情。其基本原则是：避免冲突，留有余地。常言道：良言一句三冬暖，恶语伤人六月寒。说的是人际关系最基本的原则，不要与人在言语上有冲突，因为言语上的冲突大部分都是意气用事。本来并不是你的真实想法，然而，话一出口，覆水难收，对于听者来说，就是很大的伤害，并且难以愈合，这就为日后的职场之路埋下了祸根。

从做人做事方面来说，也要留有余地，因为职场之事并无绝对对错。当你觉得自己对的时候，其实是与天时、地利、人和等因素结合在一起考虑的，所以得饶人处且饶人，不要得意忘形，欺人太甚。且不说这种做法是否正确，但就职场风水来说，那也是轮流转的。要想自己在落魄之时不被人痛打落水狗，就应该在得意之时留有余地。

职场人际关系的冲突多因工作而起，因利益而争，为前者，不值得；为后者，没有必要。既然大家都是为了工作，那就没有必要辩个是非对错；如果大家都是为了利益，那冲突也解决不了问题，就算能解决问题，那也是下下策，为什么不能找一个更好的解决利益冲突的方式呢？其实只要情绪别太激动，冷静下来就能找到好方法。

四、职场地下情之基本守则

——你情我愿，各取所需

职场地下情不同于职场性骚扰，它是你情我愿的结果，而不是单方面的行为。因此，职场地下情可以称为一种“契约”——双方都清楚自己在做什么，都应该为自己的行为承担责任，都应该知道底线在哪里——一是局限在“职场”之内，二是属于“地下”范畴。

那么，这种职场地下情是不是可以突破“职场”的界限，从“地下”变为“地上”呢？这其实要看双方的缘分和造化。但有一点是必须清楚的，任何单方面的发难和要挟都可能会演变为一种人品和人格问题。是的，你可能有痛苦，有焦虑，有不满，有更大的欲望，然而，这一切，都应该只藏在你的内心。你一旦涉足，就应该知道结果，况且，你也不应该忘记因此而带来的愉悦和对空虚的填补。在这个“你情我愿，各取所需”的范畴内，千万不要扯上道德。

五、职场卧槽之心态调整

——得之我幸，不得我命

其实职场功夫中最高的功夫就是卧槽功夫，俗话说“马无夜草不肥，人无横财不富”。知道夜草从哪里来吗？就是从卧槽功夫中来。一些人进入职场，心态浮躁，受不得半点儿委屈，一有不如意就耍性子跳槽走人，一副自命不凡的样子。殊不知频繁的跳槽正是职场大忌，其一，得不到职场积累，几年下来同时期的人都一个个技艺精湛了，只有自己仍然是个门外汉；其二，频繁跳槽把职场中各种潜在的机会都丧失掉了，机遇不会时时有，总是会隔一段时间降临，而频繁的跳槽会经常导致与机遇擦身而过的情况；其三，频繁的跳槽会对职业生涯造成毁灭性的破坏，因为用人单位对于经常跳槽的人采取的都是排斥态度，这样的人给公司带来的不是贡献而是成本。

卧槽功夫是职场最重要的功夫，然而，要练就这样的功夫谈何容易！其实要说这一门功夫难也不难，关键在于卧槽的心态，就是一个词：淡然。既然卧槽，就不要患得患失，不要计较一时之得失，而是要有长远眼光，树立职业生涯中的阶段性目标。你要做的，就是在这期间，将自己的职业技能、人际关系、管理能力以及客户资源的拓展目标完成，其他的得失如薪资、职位等就要放在一边，这才是主动的职场生涯，而不是被蝇头小利所牵制的被动的短浅规划。

卧槽阶段最重要的心态就是：得之我幸，不得我命，如此而已。对于利益方面的诉求就是要抱这样的心态，而对于自己设定的目标则要持之以恒地坚持，千万不要被职场中一时的变故或者自己的一时之气乱了方寸，动了阵脚。对于有远大职业理想的人来说，一定要切记“小不忍则乱大谋”。

六、职场政治之面对态度

——此处不留爷，自有留爷处

职场政治无处不在。有人的地方就有江湖，这个江湖，其实就是政治。所谓政治，其实就是权利与利益的得失，是一种为了维护自身利益而寻求的一种联盟和保护，是人类这类高级动物的社会性行为。

既然职场政治无处不在，我们也用不着回避，要坦然面对。然而，职场政治也不能介入太深，因为一旦深陷其中，就难以全身而退，最终结局不是悲惨就是落魄。因此，要有一种超然的态度，要树立自己的底线和基本原则。触碰了这个底线，就不要因为利益关系而瞻前顾后，患得患失，而要立场鲜明，态度坚定。你的任何妥协都是为了后面的利益，而当你的基本权益都难以保障的时候，未来的那些所谓的利益其实都是不存在的。一旦你成为一个可以任人拿捏的软柿子时，你的政治地位就不保了，你的权益也就难以保障。

所以，不要被眼前和未来利益诱惑，要摆出一副“此处不留爷，自有留爷处”的态势，也要有这样的心理准备。一旦发现公司或老板已经失去基本的诚信，或者说，整个公司政治已经乌烟瘴气，完全没有公理可言的时候，你就必须果断地作出决定，因为你最不应该浪费的就是时间。

七、职场跳槽之精心策划

——暗度陈仓，过河拆桥

前面讲的都是卧槽的事，但卧槽并不意味着就不要跳槽。俗语说“树挪死，人挪活”，职位和薪资都是“跳”出来的，而且越跳越高，所以跳槽才会对职场中人有那么大的吸引力。因为想靠着原来单位给你提职加薪，那基本上属于痴心妄想，因此一定要跳槽。

但是，跳槽是一门技术活，天下乌鸦一般黑，也许刚出狼窝又入虎穴，因此，精心策划，作足充分的准备，是跳槽成功的关键。这里要讲到跳槽的两大原则：暗度陈仓和过河拆桥。

你要跳槽了总不能到处嚷嚷吧，万一跳槽不成功，你还待得下去吗？只能灰溜溜自己走人。这就是跳槽第一条要遵守的法则：暗度陈仓。要不动声色地进行跳槽准备，不走漏半点儿风声。

跳槽要遵守的第二条法则就是过河拆桥，所谓过河拆桥是指要过了河再拆桥，不要河还没有过就把桥给拆掉。有些人面试刚过就提出辞职，或者只得到对方口头承诺就提出辞职，殊不知，这离入职还差得很远。大的经济形势变故、公司自身的经营状态变故、公司人事问题的变故都有可能导致跳槽的不成功，而这时，你已经没有退路了。

八、理想与现实之冲突解决

——我自将心照明月，哪管明月照沟渠

职场并非我们全部的人生，职场只是我们人生中的一个部分，我们的人生还有其他很多内容。但是，职场的状态又牵制着我们人生的其他方面，当两者不能很好地统一协调时，有时候就会令我们欲罢不能、欲休不止。

单就职场来说，我们每个人都有一个职场理想，如果从事自己喜欢的职业，既能赚到钱，又能愉悦自己，就像那个著名的段子所说，如果能够“做爱做的事，交配交的人”，何乐而不为呢?

然而，职场理想注定永远是一个乌托邦，天上不会掉馅饼，我们大部分人都深陷一份为了养家糊口而辛苦工作的职业中。而人生理想呢? 兴趣和爱好呢? 都远远地被抛在脑后了，我们甚至连静下心来好好想一想的时间都没有。我们的人生理想，我们的兴趣爱好真的被抛弃了吗? 还是一直在潜意识中，但是我们却无法察觉——魂牵梦萦，扰动着我们的心灵，令我们感觉到一种莫名的虚无感?

因此，对于人生理想和职业理想，我们不能有任何借口，不管处在什么样的环境中，都要牢记心中的梦想，条件成熟，就勇往直前；条件不成熟，就韬光养晦，作好准备，一旦时机成熟，就顺势而起。于是乎，对于理想和现实的冲突，我们坚持的原则应该是：“我自将心照明月，哪管明月照沟渠。”

总 序
梦是人格开出的花

曾奇峰

笼统地说，每个人都活在两个世界里，一个是现实世界，另一个是梦。分辨现实与梦，似乎是一件很容易的事情，但是往深处想，却并不容易。电影《盗梦空间》那个旋转的陀螺，在梦中也是可以倒下去的：因为梦可以呈现现实中的一切。

现实世界从来不是平面的，我们的过去会以丰富的形式和内容影响我们的现在，这使得所有的现实都有历史的纵深感。而梦比现实生活更加具有纵深感，因为我们的感觉器官在做梦的时候相对迟钝了，所以历史事件获得了跟现实事件一样的表达机会，从这个意义上来说，梦是一个时间搅拌机，它把过去、现在还有未来混在一起，让人活在一个更加有整体感的状态中。这让人想起铃木大佐的一句话：开悟，就是一种整体感。这样说来，梦中的状态，似乎比现实状态更有价值。

《金刚经》里佛如是说：人生如梦又如电。这说出了现实和梦的最大的共同点，即都不过是大脑和身体的电生理反应而已。从这个意义上来说，释迦牟尼是人类首个最伟大的电生理学科学家。我不知道我这样说，是褒佛还是贬佛。

构成一个人的梦的纵深感的内容有三个层面。第一个层面是整个人类的集体记忆。弗洛伊德赋予俄狄浦斯王的故事的意义，即对弑父娶母的禁忌，为什么基本适合所有文化中的个体？就是因为在我们记忆的最深处，都有这一共同的印记。

构成梦的第二个层面，是每个人类个体在今生今世的独特经历，特别是童年经历。学过精神分析的人都知道，这等于是在说这个人的人格特点。梦如其人，其实比文如其人、病如其人来得更加全面和深刻。

第三个层面是，这个人身处的现实冲突。这算是最浅层的了。而且，如果不考虑一个人的人格特点，这些梦里呈现的现实冲突，可以说并没有什么意义。

考察人类的集体记忆，一定是一件非常有趣的事情。但是，毕竟那些东西太深了，而现实冲突又总是跟个人人格紧密相连，所以，理解梦的核心，就是从梦者的人格入手。梦是一个人的人格土壤上开出的鲜花。

我的职业是精神分析，分析梦是我工作的一部分。但我对梦的兴趣跟成实宗兄相比，实在是非常小了。多年以来，成兄怀着对人类内心生活的极大兴趣，连续不断地记录和分析自己和他人的梦，成绩斐然，单就是几百万字的案例积累，就足以让我这个专业的精神分析师汗颜。

在成兄的文字里，梦所呈现的现实冲突、人格特点，像电影一样鲜活生动。如果说一切记忆都会寻求表达，那么，成兄的表达，对于他、我以及你，都有非同寻常的意义。

我知道这对我个人的意义：梦既是过去，也是未来，但最重要的，是理解我身处其中的当下。所以，梦非梦，梦是别样的现实，梦是我生命的本身。

祝成兄和所有喜爱成实宗作品的读者，有好吃、好喝、好玩，更有好梦。

2011年，于中秋节后的武汉

前 言
困惑与诱惑并存的职场

职场之惑，是一种困惑，更是一种诱惑，如同人生一样。

职场生涯，是我们大部分人都无法摆脱的人生重要的组成部分。可以这样说，职场就是我们人生的一个缩影，如情感关系、人际关系、权利与义务、责任与道义等。因此，职场话题成为了当下最热门的话题。

所以，什么职场法则啊、职场潜规则啊、职场政治啊、职场地下情啊等话题才会充斥大大小小的网站和各类媒体——在这一时代潮流之下，已经不亚于《三国演义》对三国时期的演绎了。

唯一不好的结果是，职场已经被演绎为一部活生生的厚黑闹剧，而职场的真相就这样慢慢地被掩埋在各种闹哄哄的职场演义之下。

其实，职场好比我们的人生，并不如外表看起来那么光鲜闪亮，但是也不像各种演义所展现出来的那样光怪陆离——职场是人的职场，所谓有人的地方就有江湖，职场也好，情场也好，甚至战场也好，或者哥们儿兄弟也好，都只是人性之善和人性之恶的此消彼长而已——善也好，恶也好，其实都是我们自己。

如何看待职场取决于我们如何看待人生，你人生中的爱恨情仇同样会在职场中演绎得淋漓尽致。其实关键的问题不是职场的真实状况如何，而是在这场职场盛宴之下，作为宴会当事人的你自己如何来看待。

这就如同自助餐一样，摆的东西很多，但是，你能够吃进去的却并不多。

更重要的是，其实你真正需要的更少。如果你能在五星级酒店人头攒动而又种类繁多的自助早餐中只取一份自己最喜欢的牛奶麦片安坐一隅，在吃完之后静静地喝上一杯红茶，然后用餐巾抹抹嘴角转身离去，那么，又有什么职场问题能够困扰到你呢？

此处不留爷，自有留爷处。

职场只是我们谋生的场所，这样的场所比比皆是，不用担心。我觉得，如果能用这样的心态面对职场，就会有更多的机会和选择。

其实职场的得失是辩证的，人生的得失又何尝不是这样呢？

本书的职场大梦，囊括了初涉职场时的注意事项、面对职场地下情的应对原则、职场卧槽时的心态调整、面对职场政治的态度、跳槽时的策划准备以及面对职场现实与人生理想冲突时的解决方案等种种职场状况，这些职场状况都是通过一个个真实的梦境案例挖掘出来的。

这些职场的真实状况，被深深地压抑到当事人的潜意识之中，意识能感觉到的只是莫名的躁动和不安，却不知道原因何在（我相信每个人都有过类似的体验）。只有通过对梦境背后深层潜意识的揭示，我们的当事人才能够豁然开朗，发现自己眼睛看不到的真相其实早已经被我们的潜意识洞察了——然而我们自身却毫无察觉。

透过他人的职场经历和梦境，我想各位读者看到的应该不只是简单的职场演义，我们看到的，应该是我们自己的职场现实，也就是我们真实的人生。

一　初涉职场之注意事项

——女怕爱错郎，男怕入错行

离开父母，进入社会，完全离开了家庭的庇护，进入到职场这样一个弱肉强食的丛林之中，就如同沙滩上刚刚出生的小海龟要爬向大海，必须经过居高临下的海鸟的饕餮吞食这一关一样，只有勇敢和幸运并存，才能够成为幸存者。因此，初涉职场面临着各种陷阱、困惑和诱惑，能不能顺利地渡过这一难关呢？那就要看个人的造化了。

初涉职场其实要注意的事项很多，但是最关键的只有两点：爱错郎与入错行。面对未来的职业选择和各种情感诱惑，这一关如何过，或者说，这一关能不能顺利渡过，在很大程度上决定了你未来的职业之路。

俗语说“三岁看大，七岁看老”，三岁至七岁时我们的经历就基本上可以奠定一生命运。职场也是如此，你的职场前三年至五年的状态也基本上决定了你未来在职场上能够走多远。

如果你够幸运，进入了一个你喜欢的行业，而且遇到了一位伯乐，那么，你未来的职场之路就不会差到哪里去，靠这三五年打下的基础基本上可以让你在职场吃一辈子了。而如果你是一名女生，初入职场不可避免地会受到一些诱惑，这些诱惑有的来自外界，有的却与外界无关，而是来自于你的内心。面对这些诱惑，怎么办？是接受还是坚拒？或者还有第三条中间路可走？这就要看你的造化了。

初涉职场之惑——无论是困惑还是诱惑，其实并不是一件坏事，因为成长从来不是一帆风顺的，成长的过程就是一个面对问题和解决问题的过程。问题来了，说明机会来了；没有问题，说明没有机会。我们要作好准备，当困惑或者诱惑来临时，正确面对……

1. 分数不够——初涉职场之过关压力

初涉职场所面临的第一道关卡，就是实习期。很多公司都通过实习期来考察新分配来的大学生，不仅包含业务知识的学习和考核，还有整体能力以及在人际关系处理上的考察。如果实习期的考验不能过关，就面临着职场生涯还没有开始就下岗的危险，这是一种职场开局的不顺，不仅影响未来的职场之路，更严重的是会影响到进入职场的心态……

这个梦挺有意思的，不仅说梦的本身，还说的是这个梦得来的过程——这是一个命题作文得来的梦。

大家知道，这个世界上没有不做梦的人，如果真有这种人，也在精神病院里待着。我想说明的是，每个人每天晚上一定会做梦的，因为人一天或者一生碰到那么多的事情，对心灵的刺激是很大的，心灵又很脆弱，如果不通过梦来释放，早就疯了。

如果一个人说自己从来不做梦，其实不是他没有做梦，而是因为他一般睡得比较熟，所以不能记起所做的梦。一个人一个晚上大概要做四至六个梦，睡眠不深的人比较容易记得所做的梦，因为他晚上经常醒来。因此，大部分人如果能够记得晚上做的梦，这个梦一般是清晨起来之前做的那个梦或者半夜醒来时做的那个梦。人每晚都是要做梦的，这是梦的基本常识，以前不知道没关系，如果看过我的文章还不知道，那就不应该了。

当然，还有一个例外，就是天生的盲人是否做梦我不知道，还没有研究过，如果他们做梦，梦中的情景如何出来？因为盲人从来没有视觉记忆，也就应该无法在梦中显现出图像式的梦境来。其实我对盲人的梦境挺感兴趣的，一直想了解清楚，因此一有机会就会去探究。

这让我想起一件事情来，有一次去做盲人按摩，我觉得这是一个很好的机会。进来的是一个盲女，我没想到盲人按摩也安排异性，很意外。但是转念一想也对，难道这个世界这么不公平，只有盲公没有盲女吗？这个盲女一进来，戴着一副造型很漂亮的墨镜。我又愣了一下，觉得很奇怪，但是我想可能是为了形象上好看吧。不管怎么样，还是科学研究要紧。于是，我刚想问她有没有做过梦时，突然看到墨镜后一双忽闪忽闪的大眼睛，滴溜溜地转，灵活得很，把我吓了一跳，原来还有眼睛亮晶晶的盲人！所以，话到嘴边又咽了回去——我知道问不出名堂了。

言归正传。在我的网站上，一个大学毕业刚刚参加工作的女生竟然说自己几乎不做梦。但是知道我是梦侦探之后，决定要试试做一个梦出来。此女生特别认真，晚上回去真的把这件事当成一项作业来做了，没几天就给我发来了梦的邮件，真让我感动不已。

她的邮件是这样写的：

尊敬的梦侦探，自从跟您探讨过梦之后，那天晚上我 9 点多的样子就洗完澡睡了，睡到大概夜里 12 点半，我醒过来，发现自己真的做了一个梦。我好高兴，因为我平时都很少做梦的，基本上是不做，于是我告诉自己一定要记下来，把它作为梦的案例。

接着我又睡了，睡到凌晨 3 点多的样子，我又醒了，我惊奇地发现自己居然又做了一个梦。我很清楚地记得这个梦是怎样的，可是我居然把第一个梦的内容忘记了，我想了好久都想不起来，还是只记得第二个梦的内容。于是我告诉自己一定不能再忘记了，这是我好不容易才得来的梦，不然我拿什么做梦的案例啊。

后面过了好久我才又睡着，直到天亮被闹钟叫醒上早班去，我很庆幸没再做第三个梦，因为如果这样的话就有可能忘记第二个梦的内容。您说为了做个梦拿来做案例我容易吗我？看到这里我想您肯定大笑了，呵呵，我自己也觉得很好笑，可是这都是真的，我保证没骗您，现在就来看看这个来之不易的梦吧！

我有一个小我两岁的妹妹，现在在某大学读大一。当初她高考后选学校和选专业可以说完全是我指导的，她也是按我的指导填的志愿和专业，我的这个梦就与她有关。我梦见我、妈妈、妹妹都在家，妹妹又高考了，我当时也奇怪了一下怎么又高考了，不过我没多想。妹妹这次考得很差，只有495分，她坐在椅子上作死地哭，哭得很大声，而且还在怪我当初没给她选好学校，现在才考成这样的。我跟她争辩："怎么就全怪在我的头上了，你平时考试不都有600分吗？这次考成这样还怪我啦！你玩的好的同学考了630分，你平时也就比她少那么20来分，这次少这么多，你怎么不怪自己，全怪在我头上了啊！"妹妹还是一直在哭，妈妈也坐在椅子上看着妹妹哭，也帮她那边，不过妈妈没怎么说话。后面我又要替她选一所好学校，我问妹妹上我的那所大学可以不，她说可以。于是我就在打算：今年估计我们学校的录取分数线是500分的样子，可她只有495分，还差一点点。直接填我的那所大学的话估计录取不了，于是我想到大三时给我们上公共关系学的老师。他是我们学校学生处的处长，平时很喜欢我们班的学生，经常听他讲他帮过忙的一些事情，找他的话估计能帮上忙。有了这样的打算，我心里也平静了点儿。

这个梦到这里就没有了，现在写出来才发现一点，如果这个梦是真的话，爸爸竟然自始至终没有出现过，有点儿奇怪了。

尊敬的梦侦探，快点儿帮我分析分析吧！辛苦您啦！看看它到底隐含着什么？我很想知道。

这就是邮件的全部内容。这个梦是一个命题作文，是在别人的要求下强迫做出来的，有意思吧。问题是，这样的梦，也能反映出什么深刻的内心世界来吗？

下面我们来分析吧。

我们都知道，梦是情欲的舞台，是潜意识的表白和掩饰，每一个梦都有一个主题，一个关于自己的主题。

那么，这个梦的主题是什么呢？又是如何与做梦者相联系的呢？我们来看看整个梦境，这个梦的主题其实很清晰——责备。

姐姐责备妹妹高考没有考好，妹妹怪姐姐没有帮她把学校志愿选好。其实妹妹早就已经读大学了，现在好好的，对所选的学校也很满意，姐姐为什么会做出这样的梦来呢？答案很简单，这是一个姐姐自己的梦，是姐姐自我责备的梦，也就是梦女自责的梦。因此，梦中的妹妹就是梦女自己，梦中的姐姐呢？还是梦女自己。这是一个梦女责备自己的梦。够拗口吧。

那么梦女责备自己什么呢？

梦女刚刚参加工作，正处在实习阶段，面对完全陌生的工作领域，深感力不从心。要学很多新的知识和技能，以前在学校学的知识基本用不上，工作单位在培训阶段又经常有很多考试，这让梦女压力很大，因此就有梦中明明已经考过高考了又来一次的情境。而在现实的实习阶段中，梦女有时候的表现也让自己觉得很不满意，比如说培训的考试成绩经常不理想，或者主管经常威胁如果培训不过关就不能通过实习期等，这些都给梦女带来很大的压力。

据梦女介绍，自己在学校时还算是一个比较优秀的学生，这次来单位实习，是通过几轮面试考核才通过的，应该说对自己以前的表现还是很满意的。但是，进入社会，进入工作单位，面临全新的知识体系、规则体系和评价体系，梦女肯定不是很适应。特别是与其他人比较时，会觉得自己实际上并不比别人差，却往往在培训考试或者实际操作方面有不足的地方，因此在内心深处对自己的表现不是很满意，有自我责备的想法，同时还有对职业前途的担忧。梦中妹妹的考分还差一点点就说明了这种对职业前途的焦虑，担心被淘汰。

当然，梦的最后梦女还是找到了一个解决办法，就是走人情关系，找学校学生处的处长，这说明梦女在实习期间还是有情感依靠的。这种依靠，对于初次参加工作的大学生来说，还是很必要的，这有助于她坚定信心，面对困难和挑战时有勇气渡过难关。当然，前提是她能够真正理解这种依赖和信任的本质，是在对她基本肯定的基础上的职业期望，是建立在她勤奋努力、不断进步基础上的爱护，而不应该是梦中那种世俗的人情关系。

梦的结尾，“有了这样的打算，我心里也平静了点儿”，是一种对压力的有效释放，这有助于梦女积蓄能量，重新鼓起勇气投入到新的工作中去。

至于最后，梦女发现梦中爸爸自始至终没有出现过，她觉得有点儿奇怪。其实，这并没有什么好奇怪的。第一，梦中不是每个人物都要出现的。第二，也许在家庭结构中，父亲并没有扮演意见领袖的角色，所以在有关决策性的梦中就不一定会出现。第三，从梦境来看，家中意见领袖的角色是由梦女来担当的，也就是说，由于父亲在家庭中并没有承担意见领袖的角色，所以梦女就补偿性地扮演了这个角色，成为家中的主心骨。这与梦女家庭的现实情况是吻合的，也与梦女本身的性格特征是吻合的，因为字里行间我们看得出来她是一个直率、敢于发表意见的女孩子。

因此，在面对工作困境时，梦女的潜意识并不会依赖父亲，而是在自责之后开始寻找出路。梦境中通过对学生处处长的期待解决了这个问题，在现实生活中，这个学生处的处长，可能就是梦女实习单位的主管或者领导。梦女的潜意识能够敏锐地察觉到，即使面对压力和困境，似乎总是有后路的，一定会有人能帮上忙。

透过这个梦，我们可以看到，这是一个聪明的女孩，一方面对工作很有上进心，给了自己很大的压力，要经得起实习期的考验；另一方面，这个女孩也不是那种“只顾低头拉车，从不抬头看路”的人。她初入职场，也能懂得一点儿职场的基本法则，那就是无论在什么时候，如果能够有一个认同自己的人，在关键时候能够帮自己一把，那么，要过这一关把握就会更大些。

有些人可能会认为这个女孩有点儿世故，其实这不是世故，是人的一种正常心理。我们每个人都要学会利用资源——自身能力的资源和外部资源，人际关系就是一种很重要的外部资源。这种资源，需要我们用自己的人格来赢得，不是我们平常所理解的说几句好话或者献献殷勤，甚至于女孩子认为自己献媚就可以得到的。关键时候能够用得上的人际关系都是长期经营的结果，也是自己的人格经过长期考验获得别人信任的结果。

只谈能力的人，是过于自我的人，注定在职场上走不远。只有德才兼修的人，才有可能成为职场上的常胜将军。

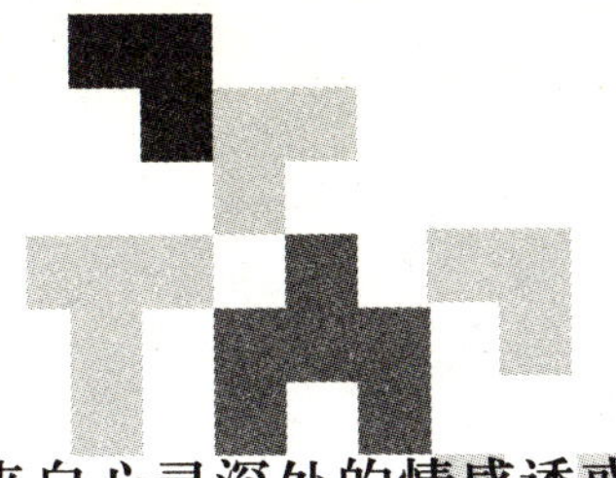

2．暗恋——来自心灵深处的情感诱惑

职场第二关就是情关。一方面，刚进入职场，脱离父母的情感呵护，就像第二次断奶一样，一时难以适应，所以渴望情感关怀，而职场前辈的关怀正好可以弥补。另一方面，对于职场新人来说，熟悉业务、处理人际关系干净利落的成熟同事或者职场前辈在他们眼中有着无穷的魅力，就像一盏指路明灯。如果能够再得到一点儿特别的关注，就会产生移情心理，从而很容易倾注自己尚未稳定下来的游离情感……

梦女：22岁，正在实习期间的大学三年级学生，没有恋爱经历。

这是梦女于实习假期回家去看父母的旅途中在火车上做的一个梦：

梦境是高中。一天早上，因晚起做操迟到，跑到操场上后，班主任狠狠地瞪了我一眼。刚好还有个男同学也迟到，老师让他跑3000米再说，我吓得要死。没想到老师让我向前走五米，我就向前跨了十步，刚好走到我班领操位置。我明白了老师的意思，马上就开始领操。没想到才来了五个同学（三男两女），看到那三个男同学做操的样子，真的太差劲了，我心里想。那老师还是对我一副不满的样子，用愤怒的眼神看着我，我害怕极了，但是我看不清老师长什么样子。后来又不知怎么回事我和那老师恋爱了……

这是一个怎样的梦呢？看上去是一个很简单的暗恋老师的梦，果真如此吗？有这么简单吗？如果是，为什么到后面老师的形象模糊了呢？如果不是，那又是一个怎样的梦呢？

我也不明白，因此，我需要更多的资讯。

梦女否认在现实生活中暗恋老师。

线索又断了，怎么办？经过反复分析，我还是在梦中发现了线索。下面我们来仔细分析这个梦，看看这个梦到底表达了什么。

梦的一开始就是自己晚起做操迟到，也就是说，上来就犯错误了，被班主任老师狠狠地瞪着。看来有麻烦了，犯了错误是要受到惩罚的。

我们接下去看，看看老师会给她什么样的惩罚。

还有个男同学也迟到了，被老师罚跑 3000 米。记得这是当年我们也很害怕的惩罚方式，跑下来累个半死。所以梦女很害怕，吓得要死，生怕自己也受到同样的惩罚。

梦女做梦也没有想到，老师并没有惩罚她，反而奖励了她，让她来领操。这就奇怪了，迟到犯错不但不惩罚，而且受到奖励。而男同学迟到，却要被罚跑一辈子也不愿意回忆起的 3000 米，简直是天壤之别。而梦中的细节更有意思，老师叫梦女走五米，梦女很有默契地走了十步正好五米，而且马上明白了老师的意思，是叫她领操，说明梦女和老师之间有着强烈的默契感。而且，老师虽然恶狠狠地盯着她，但是，并没有惩罚她，而是奖励她，充分说明了老师对她的疼爱，是一种深深的疼爱和期望。

梦女领操，为什么下面做操的人那么少？难道没有人捧场吗？说明大家不认可？还是老师对梦女的提携和疼爱不能得到大家的认可？一个班仅仅才来了五个同学，而其中的三个男同学做操还那么差劲，为什么会这样呢？难道没有一个做得好的吗？三个男同学没有具体的形象，不是同学中的某某某三个人，而是一个群体的形象，也就是说，是同龄的男生。为什么梦女会对同龄的男生如此看不顺眼呢？

“那老师还是对我一副不满的样子，用愤怒的眼神看着我，我害怕极了，但是我看不清老师长什么样子”，哦，原来看男生不顺眼是为了讨好老师，让老师满意。但是，即便如此，老师仍然不满意，仍然用愤怒的眼神看着梦女，让她备感害怕。前面有男同学迟到被惩罚，因此，梦女不敢与男生有任何的瓜葛，怕有所牵连而受到惩罚，于是，表现出看不惯男生做操的神态来，潜意识里希望老师看到自己的这种神态。即使这样，仍然不能让老师满意，梦女害怕极了。但是在这里有一个转换，就是梦女看不清老师长成什么样子了，也就是说，老师的角色发生了改变，从班主任老师转换成不知道什么样子的老师了。这说明什么问题呢？同样说明了梦中的老师其实不是某一特定的老师，而是一种泛指，是一种长辈、权威和威严的象征。

最后，梦女又不知怎么回事和那老师恋爱了……怪不怪呢？不怪。当你恨一个人或者畏惧一个人，并在内心深处怎么也无法摆脱这种情结时，最好的解决途径就是——爱上他！当你爱上他时，一切问题都解决了，一切恐惧、仇恨就完全消失了，你就能获得一种情绪释放的快感和释放后的宁静。

多么完美的一个暗恋老师的梦境啊！

可是不要忘了，梦女否认暗恋过班主任老师或者其他老师，那到底是怎么回事呢？

解开这个梦境的关键环节是老师形象的转换和梦女对同龄男生的态度。老师并不是某一个具体的老师，到最后看不清楚是什么样子了，只是一种象征，一种男性长辈、权威的象征。而同龄男生在梦女看来，怎么看怎么不顺眼，这和常理不吻合。青春期的女生哪个不怀春呢？正是情窦初开的时候，为什么会对同龄的男生如此看不上眼呢？根源在哪里呢？

迷宫的入口在于梦女至今仍然没有恋爱过。不能说梦女是国色天香，但也算是长得很漂亮的一个姑娘，难道没有异性男孩追求过？梦女的答复是：有！但是觉得同龄男生太幼稚，没有安全感，因此不能接受。

至此，我想大部分读者都应该知道这个梦的含义了吧。是的，谜底可以揭开了，这是一个关于恋父情结的梦，梦女渴望发生一种有着强烈依恋感和安全感的恋情。

梦女在外地实习，离开父母有较长一段时间了，一个人在外，缺乏父母的关怀。特别是在家中，是父亲最疼爱的女儿，跟父亲在一起，就有强烈的安全感。这种对父亲的依恋，移情为一种对异性长辈的依恋，从而对同龄男生缺乏信任感和依恋感，因而即使有同龄男生的追求，也不会心动，因为型号不对。

那怎么办呢？其实，恋父情结是很正常的，大部分女生都有，正如大部分男生都会有恋母情结一样。因为父亲和母亲是我们最早接触也是接触时间最长的异性，我们对他们怀有依恋是很正常的，我们按照他们的标准来对接我们的感情也是很正常的。大部分人会随着年龄的增长和人格的成熟慢慢地从这种情结中摆脱出来，形成自己独立的情感体系，当然，也可能会偏爱成熟型的异性。但是，这没有关系，因为每个人都有对异性恋人的不同偏好，要么成熟，要么有活力，或者两者兼而有之。

所以，越早独立的子女这种情结就会越弱些；异性父母过分溺爱的子女，这种情结就会更强烈些，其人格的成熟也就会更晚些。

真的说不上好坏，只要这种恋父（母）情结没有走向极端，不影响当事人的正常生活就好，因为人生并没有标准的模式，爱情也一样。

恋父也好，恋母也好，恋兄也好，恋妹也好，无非是你的情感选择模式的不同，无非是你的人格成熟的早晚，无非是你的情感独立性和依恋性的区别。

人生就是这样的BT（你可以念成变态，当然，你也可以念成百态），爱情本来就是一种相互的依恋性，成熟也好，幼稚也好；活力也好，宁静也好，只要你喜欢，怎么都行！

因此，这个梦境，我们可以认为是一种恋父情结的迸发，谜底是——在实习期间，梦女对一位成熟的男上司产生了朦胧的情愫……

这种情愫对不对呢？有利还是有弊呢？其实很难说得清楚。一方面，这种情愫可以填补梦女离开父母之后的情感空洞，让自己获得一种心理支持；另一方面，如果梦女能够把握这种情愫的度，让自己与暗恋的人保持一定的距离，就像对父亲的爱一样，那么，过段时间，她就会渐渐从这种情愫中脱离出来，进入正常的情感轨道，回归常态的人生。那时，这份暗恋的情愫将成为梦女一生中最值得留恋的记忆，也是伴随她度过职场初期困惑中最重要的情感力量。

3．独木桥——幸运的职场新人

不是每个初涉职场的人都那么幸运，但是这个世界总是有那么一些幸运儿，在旁人看来，他们似乎什么都不用做，不用想，一切都为他们安排好了似的。他们一进入职场就获得上司的青睐、同事的关照，一帆风顺，这是怎么回事呢？他们靠的是什么？背景，美貌，才能，世故的人际关系，还是某种心灵的力量？他们的内心又是怎么想的呢？有没有彷徨？有没有煎熬？幸运仅仅是一种表象，在这种表象之下，又有多少翻江倒海？

这是一个大学毕业刚参加工作的女生所做的梦。这个梦，反映出了处于这个阶段的女生面对变化的困惑和迷乱，具有典型的代表意义。梦境如下：

我们在上体育课，女生站前面两排，男生站后面。我去的时候已经站了少量的女生在那里，男生全到齐了。我去的时候很奇怪，怎么班上的女生都那么矮？老师已经站在前面了，所以我就站在了第二排，女生很少，我还在扎头发。

后来就下课了。同学里一个女生是我小学时候的朋友小简，很矮；还有一个是我高中时候的同学莎莎。下课之后我问她们去哪儿，她们说去吃饭。我自己一个人去一个地方，是用飞的（我经常梦见自己飞。昨天的飞行技巧不是很好，水平一般）。

结果飞出校门口的时候，发现莎莎自己在煮饭，就在通往校门口的那条大路上煮饭。通往校门口的树木很高，看不到阳光。我觉得很新奇，就停止了飞翔，和她说了几句话，骂她胆子真大，在这里煮饭，真奇怪。

画面就转到了一个小桥上面。我要过桥，那是一座很奇怪的桥，桥头有灯笼。我必须提着灯笼过桥，而且里面的蜡烛还不能熄灭，否则就不知道会发生什么恐怖的事情。我过了，成功了，但是我还想再试试，又过，又成功了。我觉得奇怪，就叫我的朋友们都来试试，来了之后发现蜡烛不够。于是我先带着一个朋友过，朋友差点儿掉进河里，我紧紧地抓住朋友，她才没有掉进去，但是她的蜡烛熄灭了。

画面切到后面的朋友没有蜡烛，画面接着又切到很多很大的橘子上（可能是通过灯笼联想到小时候学过的文章《小橘灯》），朋友们想用橘子做灯笼里面的蜡烛。画面又切换了，他们把很多橘子都踩在脚底下，说是过桥。

接着，画面切换，外公被很多人批斗，说他怎么让那么多的橘子被两个人给霸占了，怎么不分给他们。我想为外公解释，但是，人太多。

画面接着切，我在一个地方，远远地看到我叔叔，他头发长了很多，也帅了一点点。他问我测梦的事，我很奇怪，就问他怎么知道的，他说是我那个小学朋友小简走的时候没关QQ看到的。

接着我就往前走，路上看到很多很多的人在排队等上网。我受不了了，直接掉头从人群里走出来，心里还在说难道是这家的网吧价钱最便宜吗？这么多人等着上网把交通都堵塞了。回来的时候遇见我奶奶，奶奶和一大帮子人把我围得很死很死，一直在向那一大帮子人说我怎么怎么优秀，旁边的人也在起哄说我怎么怎么的好。我被他们围着看不到天，好像蹲了下来，只看到我头上一圈的人头，我用力从人堆里面钻出来，终于看见了阳光……

之后就没什么内容了，中间还有很多很杂的内容我都不记得了。

有趣的是，梦女在做梦后的第二天，在网上遇见了那个小学朋友小简。接着在当天晚上她又做了一个梦，梦女认为跟前一个梦有关，是上一个梦的延续，于是也讲出来了：

外婆家后面的那个小菜园变成了一个小池塘。妹妹在里面找东西。我问她找什么，她说找三只鳖，找遍了整个小池塘也找不到。我问她找那个干吗。她说很有用，能帮助外公的。我来来回回地找，终于在一个不是很深的地段找到了，原来是三只小乌龟。三只小乌龟就等着我捉它们。我把三只小乌龟全部交给妹妹，正准备上岸的时候，外公来了，外公问我们在干吗呢。看到我们手中的小乌龟，他二话不说就要我们放掉。我们于是又将它们放掉，然后上岸。上岸的时候，却看到外婆在她曾经工作了很多年但已经被拆掉的学校木楼里面叫我，隔着破旧的木窗户。我一下就哭了，问外婆怎么了。

然后就没有画面了!

这就是全部的梦境。

这个梦说的是什么呢?对学校生活的怀念?对亲情的留恋?梦女就是这样认为的，她认为这个梦很清晰，全部是她意识里的东西，是她参加工作后对过去生活和亲人的怀念。

也许吧，但是梦往往不是这么简单。我们的潜意识是精妙绝伦的伟大导演，不会导出如此简单乏味的梦剧出来，它的梦剧往往是隐涩的，让人琢磨不透的，哈哈镜式的内心反射。因此，我们不能被它的假象所迷惑，要拨开迷雾，探求梦境的真相。

在接下来的询问中，梦女还提供了一些基本信息：

我从小在奶奶家长大，爷爷奶奶对我有养育之恩。爷爷奶奶比较喜欢聪明的孩子，所以很宠我，尤其是奶奶。外公是一个多年的老干部，为人因公而忘私，子女对外公一直颇有意见。后来几经变故，外公现在在参悟自己这一生值不值，有时候会感叹人事现状，社会炎凉之类。孤独！外婆很有爱心，也很善良，很坚强，个性非常强，她喜欢善良、诚实的孩子。

在第二天的梦里面看到外婆会哭是因为外婆当时叫我那种感觉就好像要走了一样，并且是站在她一生都很喜欢的工作过的房子里面。叔叔是所有亲戚中比较关心我的一个人，所有的叔姨亲戚中，叔叔是离我心比较近的一个，也就是说我对叔叔是不怎么设防的。小简是和我从小到大比较长时间的朋友，小时候闹过很多别扭，时间长了，成为了朋友。她内心比较封闭。来深圳后，她曾经联系过我，我都很忙，没有理她，所以做梦的时候梦见了。莎莎是我高中时候的同学，是个比较实在的人，不贪慕虚荣，诚诚恳恳、老老实实，很爱笑。梦到她我也很意外。

好了，所有的信息都在这里了，我们来分析梦境。

一般而言，反复做的梦是深层的潜意识和过去的印记，偶尔做的梦是浅层的潜意识和近期的印记。因此，分析重复做的梦，可能要了解做梦者过去的一切重要事件和环境；而偶尔做的梦可能与做梦者近期的状况有关。另外梦中的象征意义和联想很重要，特别是带有文化印记的，所以说梦是有跨文化区别的。

我们带着这两个问题来分析。

在人生的不同阶段，我们会遇到不同的生理、心理和社会应激。所谓应激，可以理解为压力或者危机，往往源于改变（生理的、心理的和社会的），是人生的必经考验，也是人生成长的必经历程。

梦女是刚刚参加工作的大学生，在这个阶段，职场的应激是她最大的外部环境。任何一个刚刚参加工作的人在一种全新的环境下，在与学校不同的行为要求和不同的人际关系下，以及完全不同的竞争规则和价值判断标准下，心理的冲击是很大的。特别是对一个上进心较强、对自己要求较高的人来说更是如此，她会面临很多抉择，她会充满困惑，她会怀疑、迷惘，在自信和自卑之间左右摇摆甚至不知所措。梦女就是这样一个有所追求的女生。这是对这个梦境的基本判断。因此这是一个初出茅庐、初入职场的心理应激的梦。

下面我们来分析细节。

【梦境第一段】初入职场的困惑

上体育课的情景，说明了什么？真的是在上体育课吗？体育课意味着什么？我们知道，体育意味着竞技，意味着竞争。因此，从做梦者的情况来看，体育课意味着职场竞争。

“少量的女生在那里，男生全到齐了”，这就是职场现状的真实写照。

“我去的时候很奇怪，怎么班上的女生都那么矮”，这是一种自卑心理折射出来的信息。进入社会才知道，原来社会不像学校，女生是处于竞争劣势的，职场自信心受到打击。

“老师已经站在前面了，所以我就站在了第二排，女生很少，我还在扎头发”。老师（职场检验者或者说评判者）已经在审视了，但我还在扎头发，说明实际上我的心里还没有准备好，还在作竞争前的准备工作就匆匆上阵了。

【梦境第二段】信心受挫

这一段讲遇到小学的朋友小简和高中的同学莎莎。小简很矮，是对自己职场形象定位的写照。进入职场后产生了心理的退缩，越是小时候的朋友表示自己越向往小时候，也就是不希望长大，因为要承担更多。

高中同学莎莎，“是个比较实在的人，不贪慕虚荣，诚诚恳恳、老老实实，很爱笑”。这反映出对职场复杂性的困惑和内心深处的防御，原本单纯的心灵现在要承受更多，怀念单纯美好的生活，这是一种职场环境对心理的扰动。

最后是比较有意思的，我们做梦经常梦到自己会飞，翱翔在蓝天白云之间。但做梦者觉得自己的飞行技巧没那么好了，这同样折射出对自我能力的怀疑和信心不足。

【梦境第三段】职场角色初转型

莎莎在路上煮饭，这一段里提到“树木很高，看不到阳光”，实际上是对职场压抑的认识，参加工作不同于在学校里，天天都可以阳光灿烂、自由快乐、无忧无虑。职场是有规则的，是一个更封闭式的社会生态系统，是要守规矩的，要承担更多。因此，在校门口大路上煮饭，就被认为是没有规矩的事。

这时的梦女，已经初识职场规则，正在从一名大学生向职场人士转型。因此职业的意识提醒梦女，莎莎虽然朴实本分，但不能不守职场规则，应该受到责备，于是对她进行了批评（这也或许是对自我懒散或有时候不守职场规矩时的自我批评，因为莎莎也可能是自我形象的投射）。

【梦境第四段】职场独木桥

这一段讲的是职场独木桥，不仅桥的样子奇怪，而且还需要提着灯笼才能过，蜡烛还不能灭，由此可见过职场之独木桥的高难度。灯笼代表什么呢？灯笼是给我们引路的，因此，灯笼代表梦女有职场引路人，因此很容易过了。而且再试一次，又成功了，说明引路人对她很关照，给了她很多的机会，让她能较轻松地走过这个职场的独木桥。

但是，其他人可没有这么幸运了。她试图带一个朋友过关，朋友差点儿掉进河里，而且蜡烛熄灭了，表明并不是每个人都能有很好的职场引路人。当然，做梦者希望帮助她所有的朋友过关，但明显感觉到心有余而力不足。

【梦境第五段】担忧的慌乱

这一段切换到了橘子上，讲的是职场慌乱。独木桥每个人都得过，但灯笼只有一个，而且里面的蜡烛已经熄灭了，怎么办？众人在慌乱之中，竟然将橘子来替代灯笼里的蜡烛，甚至装在脚底下充当滑轮，以为这样就可以过桥。这折射了职场中其他人员的情绪反应或者是梦女对其他职场人员的担忧，不知道他们临时抱佛脚是否能过得了关。

【梦境第六段】职场嫉妒的察觉

众人埋怨外公分橘子不公平这段，怎么又跟外公扯上关系了呢？外公是疼爱自己、保护自己的人，在梦中，就是自己职场引路人的投射。说明在现实中，职场引路人对梦女的爱护和提携已经在她的内心引起了担忧和不安，因为资源是有限的，梦女担心自己可能会辜负期望，引起众人不满。

为外公解释实际上就是为自己辩护，梦女觉得众口铄金，自己无法辩解，也没人会听自己的辩解，有一种无奈感。

【梦境第七段】插曲

碰到叔叔这一段应该是与职场主题无关的，是对白天发生某事的一种直接反应。当然，如果要深入下去，也是可以研究的，如头发长长、人也长帅了的叔叔，是梦女可以进行心灵交流的人。这个角色与职场引路人的角色之间有什么关系？为什么由外公的形象变成了叔叔的形象呢？这两个人，一个是对自己较严厉的人，一个是自己觉得很亲切的人，可能是对职场引路人的形象分离。梦女对职场引路人怀有很复杂的感情，既喜爱又敬畏，因此对其不同的侧面分离出不同的人物形象。

【梦境第八段】职场压力与摇摆

路上梦女看到很多人排队上网，于是往回走，却被奶奶及一大帮人包围住。

前一部分讲的是梦女的职场压力，这么多人排队意味着竞争激烈，梦女感受到了这种压力，并且有了退缩心理。说明做梦者还没有完全作好进入职场竞争的心理准备。

但后面奶奶及周围人对自己的赞美，无疑是给自己的激励（当然也有对自己能力怀疑下的强化肯定），虽有退缩心理，但是又怕辜负家人和大家的期望。内心处于进退两难之间，有时有点儿沮丧，有时有点儿绝望，但潜意识还是不甘心，希望冲出来，拨开乌云，见到太阳。

【梦境第九段】职场感恩

寻找小乌龟并放生这段梦境中，外公实际上是职场引路人的替代，梦女想对他表达自己的感激之情。当然，她觉得自己能力微薄无法表达这种感激之情，因此，鳖就变成了小乌龟。但是，外公并不需要小乌龟，也就是说职场引路人并不需要感激，也许他认为这是他分内的事情，并没有什么特殊。看来梦女遇到的是一位难得的职场引路人。

当然，这种情况可能令梦女理解为职场引路人对自己的不满意或者不理解，再加上职场压力和自我信心的摇摆，使梦女感觉受到了很大的委屈。因此，借助于外婆的事件，把这种委屈和压力彻底发泄出来了，这就是在梦中哭的原因。

好了，到这里这个梦的分析已经基本结束了。我们看到的是一个初入职场的女生所面对的压力，包括职业压力和人际关系的压力以及自我认同和外部认同的压力，还有大家期望的压力等。当然，可能会有少许的情感压力，因为青春期的女生对自己的情感需求是无法把握的，有时候会不知道自己到底需要什么，或者左右摇摆。

实际上，每一个在职场中的人都会有这种职场压力。从梦境来看，梦女还属于职场中的幸运儿，似乎有一个伯乐般的职场引路人在带着梦女一步一步往前走，帮助她渡过难关，获得成长，并在职场位置中占得先机，从而可以领先同侪。

所以，即使存在着这样或那样的职场压力，都是正常的，因为这种职场压力，通过梦境的释放，有助于我们积蓄更大的能量，继续饱含激情地投入到我们的工作中。

工作，占用了我们一天三分之一的时间，我们不得不认真对待、乐观对待、勇敢面对。

4. 禁区——来自职场环境的情感诱惑

我们说了，初涉职场之情感诱惑，有时候来自于自己的内心，是第二次断奶导致的情感空洞的自身补充，但是也有大量的情感诱惑来自于外部，即职场中。这一方面源于职场前辈们的空虚寂寞，就如同新生入学的那条训诫一样："防火防盗防师兄"。另一方面，也与日久生情有关，因为成熟男性对情窦初开的女孩有着一种致命的诱惑力，往往令初涉职场的女孩深陷其中，不能自拔，怎么防都是防不住的。所以很多在校情侣之所以很难有情人终成眷属，就是因为难过这一关。看来防师兄并不重要，因为师兄再优秀，也难过职场情感诱惑关。

职场情感的诱惑到底是出于爱情的需要，还是出于寂寞空虚的需要，或者出于利益的需要甚至出于办公室政治的需要，着实难以确定，因为人的需求本身就是一个复杂的系统，我们无法确切地把握这种需求。职场情感诱惑像罂粟一样吸引着众多职场人驿动的心，令他们沉溺其中，欲罢不能。通过下面的案例，我们可以看到，职场情感的诱惑是多么巨大。

一位初涉职场的80后梦女最近在情感上有一些波动，她给我发来了一个梦。梦境如下：

我和男朋友去动物园。动物园的门口写了一块牌子，大意是不准游人入内，门口还有管理员。但是我执意要进去，最终说服了管理员，要男朋友在外面等我，我一个人进去了。之后，我看到有两个池子，一边一个。其中一个池子里是一只企鹅，另一个池子里是一条凶狠的鲨鱼。管理员有明确提示，鲨鱼很危险，不要去看。可是不知怎么回事，我却执意要去看鲨鱼这个池了。鲨鱼很凶猛，我又害怕又想走近看，这时候鲨鱼突然跳了出来，并追着我咬。我赶紧逃命，并拼命喊救命，但是很奇怪，和我惊慌失措的样子相比，内心并没有太大的恐惧感，似乎并不是很怕。这时候我突然感觉到鲨鱼咬到了我的脚，我回头一看，却发现是一只企鹅，我看到它有锋利的牙齿，但是却很温柔地在舔我的脚，慢慢地感觉很温馨……

如何来解这个梦呢？让我们一步一步来分析吧。

梦境是这样开始的——梦女和男朋友去动物园。动物园代表什么？我们知道，动物园是一个令人开心和愉快的地方。如果是小朋友听说要去动物园，可能会欢呼雀跃，成年人也会很高兴。因此，动物园是一个充满惊喜、很有吸引力的地方。所以，梦的一开始，表明有一个地方在吸引着梦女，那个地方神秘、变幻莫测，让人充满期待和幻想。

我们继续往下看——动物园门口有一块牌子，示意不准游人进入。这么一个有魅力的地方为什么不准游人入内呢？我们看到，梦中并没有提到有其他的游人，也就是说，这种禁止入内，似乎只是针对梦女而言。这个神秘的令人充满遐想的地方对于梦女来说，可能是一个禁区。这会是一个什么样的禁区呢？

我们再继续往下看——看来这个禁区难不倒我们的梦女，因为她执意要进入，这个禁区对我们的梦女来说充满诱惑，吸引力不小。梦女最终说服了管理员，进入这个禁区。不过有意思的是，梦女并不希望男朋友一起进入，而是要男朋友在外面等，只是自己一个人进入，有一点儿孤身闯龙潭的感觉。

这说明什么问题呢？说明两点。第一，这个禁区对于梦女而言并不可怕，反而充满着吸引力，可以不顾一切，不管多困难都要进去。第二，这个禁区，是针对梦女一个人的禁区，对于男朋友来说，也是保密的。这是怎样的一个禁区呢？只有两种可能性，一种是极度隐秘的个人隐私，另一种就是情感禁区。

但是，如果是极度隐秘的个人隐私，梦女为什么要在梦中排除如此大的阻力呢？一般而言，这种极度隐秘的个人隐私，一般人是不愿意再去探究的，喜欢把它深深地埋藏在潜意识中，让它尘封。因此，这个禁区是梦女极度隐秘的个人隐私的可能性不大。那么，就只剩下一种可能性，那就是情感禁区。

而这个情感禁区竟然是连男朋友都不能进入的，这又说明什么问题呢？我想我不说大家应该都明白了——有一个地方，或者说有一个人，在吸引着我们的梦女，并已经打动了梦女的心。梦女决定尝试一次爱的冒险，去探究这个充满激情和神秘感的爱的禁区。

我们往往容易被表面的现象所迷惑，比如说男女朋友。其实人的感情是一个很复杂的系统，特别是处于青春期的少男少女，往往不知道自己真实的情感需求是什么。因此，他们的情感是不稳定的，只能通过尝试来探究自己内心深处真正的情感需求是什么。有男朋友，并不一定就有真正的爱情——我们的心不会欺骗自己。当那根心弦被拨动的时候，我们的心就再也无法宁静下来，它必将随着那个旋律跳动。这时候，任何事物、任何人都无法阻挡那颗追求真爱的心。

从梦境来看，梦女的心应该已经被拨动。所以，她要独自一个人去探究这个叫做爱情的神秘地方，那个让她忐忑不安但又对她充满强烈吸引力的地方。

接下来的梦境是这样的——进去之后有两个池子，一个里面是凶猛的鲨鱼，另一个里面是温驯可爱的企鹅。管理员明确提醒我们的梦女，鲨鱼很危险，不要去看。但是，梦女不听劝阻，再次一意孤行，坚持要去看鲨鱼。

大家知道，鲨鱼代表着危险，但同时也代表着刺激，代表着惊心动魄的感觉。因此，梦女执意要看鲨鱼，正是代表着这个禁区对梦女的吸引力，虽然充满危险和未知，但是仍然义无反顾，勇往直前。企鹅虽然可爱，但是没有刺激，生活太单调平淡，这可能不是梦女的追求。

这一段还说明了对梦女而言，这不是一个简单的爱的禁区，想进就进，想出就出。这是一个充满变数和危机的禁区，受到伤害的可能性很大，不是自己所能控制得了的。但是，我们的梦女仍然下定决心，执意要去探究。这也反映出梦女的某种性格特征，一旦决定了的事，就会不顾一切地去做，她是一个做事有决心的人。

再接下来是去看鲨鱼的情形——“鲨鱼很凶猛，我又害怕又想走近看，这时候鲨鱼突然跳了出来，并追着我咬”。这一段也很有意思。明知道鲨鱼很凶猛，但是梦女仍然抵不住诱惑，怀着忐忑不安的心接近鲨鱼。这再一次体现出了梦女在面对这个爱的禁区时的一种既欣喜又害怕的矛盾心理。果然不出所料，鲨鱼突然跳了出来，并追着梦女咬。

不跳出来才怪呢。我们知道，梦是愿望的达成。梦女在内心深处是渴望与鲨鱼接近的，也就是说，是渴望与拨动梦女心弦的人接近的。因此，如果鲨鱼不跳出来咬梦女，那前面的铺垫就完全没有意义了，梦女的愿望就无法达成。因此，鲨鱼跳出来咬梦女，实际上正表明了另一方对梦女发出的追求信号，是很强烈的追求信号，而且这种信息已经打动了梦女，并且让她既喜又忧，迷惘而徘徊。

我们通过接下来的梦境可以很清晰地看到这点——“我赶紧逃命，并拼命喊救命，但是很奇怪，和我惊慌失措的样子相比，内心并没有太大的恐惧感，似乎并不是很怕”。

鲨鱼追着你咬的时候你怕不怕？我想你没有不怕的理由。但是，梦女却有充足的理由不怕。因为她知道，这个鲨鱼是不会伤害她的，因为那是爱的鲨鱼，是外表狰狞内心温柔的鲨鱼，是与她来嬉戏的鲨鱼，是来追求她的鲨鱼。

因此，梦女的表现就是典型的欲拒还迎，带有强烈的调情成分——拼命叫喊但是不怕，甚至可能还有有意放慢脚步等待鲨鱼上来的举动——谁会害怕爱呢？特别是那种自己渴望的爱。

最后一段实际是点题了，是整个梦境的画龙点睛之笔。我是看到这个点睛之笔才最终悟出这个梦所要表达的真实含义的。

我们来看结尾的梦境——梦境在这里进行了一个巧妙的转换，鲨鱼变成了企鹅，凶猛变成了温柔，刺激变成了温馨，天地在一瞬间转化，证实了梦女潜意识中愿望的达成——这不是危险之地，这是温馨之地，这是爱的领地。

被鲨鱼咬到脚，终于证实了这种爱的关系。回头一看，原来是一只企鹅，前面一切的忐忑显得那么幼稚可笑，一切的担忧马上烟消云散。

不管是鲨鱼也好还是企鹅也好，仍然有着锋利的牙齿。但是，对于梦女而言，这个锋利的牙齿似乎并不可怕了，或者说，梦女已经无暇去顾忌这个锋利的牙齿了。

企鹅在温柔地舔着自己的脚，梦女感觉很温馨，这不是爱的感觉是什么？要知道，无论是古代还是现代，脚都是一个很重要的代表性的器官——在古代，我们要把玩小脚；在现代，我们要洗脚——这些都蕴涵着性的信息在里面。

很温柔地舔脚，就是一种性的快感，一种爱的感受。

这个梦分析到这里，基本上就结束了。这是一个职场情感诱惑的梦，梦女在进入职场之后，遇到了强有力的诱惑挑战。在这种情况下，我们看到，即使梦女感觉到了现状是多么可怕和危险，却仍然禁不住诱惑，不顾一切进去探究，结果会是怎样的呢？不得而知。

那么，这个梦是不是表达了这样的一种心理状态呢？梦女又是如何来看待的呢？我们来看梦女的回答："梦真的是一个奇怪的东西，有些看上去似乎没有独特意义的东西在梦境中却是很有意义的。你分析完之后我才突然意识到，原来那个企鹅是有深刻寓意的，它就是那个人的 QQ 头像！"

5. 新的起点——遭受挫折之后的态度

职场上，除了经历各种职场考验和情感考验之外，还有可能出师不利，不能站稳脚跟，必须重新进行选择。在遇到职场挫折时应该持什么样的态度？是自暴自弃还是重新审视自己，审视职场，另辟蹊径找到突破之道？这全取决于你的人生态度，这也决定着你未来的职场生涯和人生。

一个 80 后女孩，在大学毕业工作后发现找不到自我，找不到自己的价值和定位，于是辞去原有工作，跑到一个新的城市，暂时寄居在同窗好友那里，决定开始一段新的生活，重新进行自己的人生规划和选择。

下面是她刚到那个城市之后发来的一封邮件。

梦侦探您好：

我这两天都在外面跑，所以只有抽出时间把梦写出来了，先把梦发给您。

这两天的大致行程是和好友娜娜到处转悠找拍摄道具（服装、鞋帽什么的），没有很特别的事情，心情还算蛮愉悦的。明天开始投入找工作。

今早梦到家里被烧光了，我、妈妈以及妹妹坐在外面，一无所有。好像这是一个贫困的年代，似乎我们只能面临困窘的状态，没有人帮我们。

妈妈小声对我说她把钱都装在衣服兜里了，没有被烧掉。我一看全是 10 元、20 元、100 元的大票子，把我吓了一跳，在那个年代两毛钱都可以买很多东西，所以可以想象我们是多么富足。

我赶紧捂住，让她别出声，以免被企图不轨的人发现起了歹心。我还建议妈妈把钱放在我黄色羽绒服的内兜里，虽然自己老丢东西，但觉得放在我这里是最放心的。

这时我看到妹妹在逃过了一劫的同时居然还拎着一个黑色口袋，一问得知是弟弟的作业和书本什么的，她说，难道家被烧了弟弟就不去上学了吗？这些是他到时候要交的作业。

这就是梦女给我邮件中的整个梦境。

我们看到，这个梦境的主题十分明确，透过这个梦境我们可以看到一个 80 后女生对新生活的憧憬和向往。

梦境的第一段是家里被烧光了，按道理这应该不是一个好梦吧。但是，不要急于下结论，我们接着往下看。家烧光了，梦女、妈妈和妹妹都坐在外面，似乎无家可归、一无所有，然而，这本来就是一个贫困的年代，每个人都必须面临这个困窘的状态。这一段梦境表达了梦女一种平静良好的心境，在面对现实困境时能够坦然面对，既不怨天尤人，也无虚幻梦想的状态。

梦境的第二段是意外惊喜，原来妈妈还藏有钱财，都是当时看来的大票子，在那个年代可以买很多东西。梦女最后用一句话结束这一段梦境——“所以可以想象我们是多么富足”。这一段表达的是梦女对自我价值的发现，在一种面对现实的平静心态下，梦女浮躁的心理得到了沉淀，反而能够静下心来进行反思，进行内心的分析。可以判断，梦女经过对自我的分析，一定重新获得了自我肯定，发现了自我的价值。因此，在梦境中通过妈妈还藏有一大笔钱财来表达这种喜悦。

接下来第三段表达的是一种自我价值的珍惜和憧憬。这时候“我赶紧捂住，让她别出声，以免被企图不轨的人发现起了歹心”。这表达了一种从意外惊喜到冷静的情绪变化。也许经过社会的磨炼，梦女已经知道自己认可的价值不一定会被社会认可，还需要一个漫长的过程。因此，当经过反思再次找到自我价值时，梦女并没有沾沾自喜，而是抱着一种谨慎的态度，采取了低调的做法。

梦女还建议妈妈把钱放在她的羽绒服内兜里，尽管她平时爱丢东西，但仍觉得她保管着才放心。这里表达了梦女在经历社会磨炼之后的趋于成熟的心态，她已经学会了正确面对和处理问题的方法，知道是骡子是马必须拉出来遛遛才能够确定好坏，不是自己认为好就是好——这是一种成长之后慢慢成熟的心态。

梦境的最后一段，梦女看到妹妹拎着一个黑色口袋，一问才得知是弟弟的作业和书本。这时候妹妹的一句话说得掷地有声——“难道家被烧了弟弟就不去上学了吗”，这充分表达了梦女对坚守内心自我价值的信念。前面的价值发现可能是针对社会价值而言的，是梦女自身对于社会的价值，是一种生存和发展的价值。但梦境在这里提到读书上学这件事情，表达的是一种精神价值，是一种自我价值的体现，是一种存在的价值感。

我们看到，在这一轮心灵的洗涤过程中，梦女不仅发现了自己的社会价值，而且在经历了社会的磨炼后，并没有失去自我。也就是说，不能被社会主流的价值观认可，难道就不应该保持一种自我独立的价值观体系吗？难道所有的社会化过程都需要以牺牲自我价值观为代价吗？

这个梦，就是梦女的一种自我思考。透过这个梦境，我感到十分欣慰，因为我看到了一个抱有正确价值观的80后女孩正在开始她人生新的起点。

二 职场潜规则之应对方式

——兵来将挡，水来土掩

当我们说到职场潜规则时，其实包含两个含义，一个是关于两性关系的潜规则，也就是常说的职场性骚扰；另一个与性无关，是关于企业文化方面的潜规则，那就是说一套做一套的企业文化。

先来说性骚扰潜规则。据有关数据显示，职场女性中竟然有一半以上的人曾经遭遇过潜规则。遇到这样的情况，你是如何应对的呢？或者说，你该如何应对呢？如同人与人之间的关系一样，并不是非此即彼的，面对职场潜规则，你很难用一种绝对的方式来处理。其实我们要做的，就是把握住基本的底线：职场中哪有不逢场作戏的呢？然而，逢场作戏久了很容易戏假情真。因此，把握住自己的心，跟着自己的心走，不要受职场利益的诱惑，不要丧失自己基本的做人原则和准则，这恐怕是应对职场潜规则最重要的方法吧。

再说企业文化，每个企业的企业文化都是充满理想、正义和正确的价值观的。然而，是不是每个企业都是按照本企业文化的要求行事的呢？可以这样说，大部分的企业都不是这样的。有些企业，如果你信以为真，并且真的按照企业文化的要求去做，那么，你很快就会game over（游戏结束）了，因为很多公司的企业文化都是挂在墙上和挂在老板嘴上的，并不是公司真正的文化。他们真实的企业文化一般都是潜规则，是你看不见摸不着但是大家都遵循的规则——你懂的。

所以，对待职场潜规则，无论是性骚扰还是文化潜规则，我们不要害怕，而是要淡定，采取兵来将挡、水来土掩的应对方式。如果实在顶不住了，没关系，走人。

1．狂蜂浪蝶——职场客户性骚扰疑案

有过职场性骚扰的经历吗？无论是骚扰还是被骚扰。很多公司喜欢选择漂亮的女孩来做客户工作和销售工作，因为美丽的脸蛋有利于市场开拓。然而漂亮的女孩也更容易遭受到性骚扰，特别是来自客户的性骚扰。在业绩的压力下，很多女孩都咬紧牙关忍受着这种侵犯，可是有没有想过，丧失人格赚回来的钱有价值吗？其实更严重的问题是，为了赚钱慢慢把人格都丧失掉了，这样的人生有意义吗？

一大早，我刚起床打开手机，就收到一位梦女的短信。她告诉我昨天晚上做了一个梦，不知道是什么意思。手机短信显示的梦境如下：

梦侦探，昨天晚上我做了一个梦。梦见我走到一个岔路口，两条路。可不知怎么我就走了那条有很多黄蜂的路，它们朝我扑来，特别是脸，好像怕我侵略它们的领地。我越往前黄蜂越多，我很害怕就站着不敢动。我往后退黄蜂就慢慢少了，退到岔路口就没了。我的脸红红的，怕有事，朋友就劝我说没事的，一会儿就好了。但突然出现了两个年轻的男人，好像都在追我，又好像被我打发了。

看了这条短信，我迅速捕捉到其中最重要的两条信息。第一是岔路口，可能已经预感到那条路上的风险，但是仍然选择了那条路。结果被黄蜂刺到了，所以应该有后悔的感觉。第二是黄蜂的出现，让我联想到“狂蜂浪蝶”这个词。于是，我给这位梦女回了一条短信，短信是这样写的：这梦和你最近由于犹豫不决不小心做了一件错事有关，但结果你很懊悔。

我没有提狂蜂浪蝶这个词带给我的联想，主要原因有两个，第一是怕

给她刺激太大，影响她的心境；第二是我不想把她的思路局限了，也许情况并不是我所想的那样。但是在心里我还是感觉应该跟我想的方向差不了多少。

这里面有一个情况需要交代一下，这位梦女长得很漂亮，不是一般的靓女，而是靓女中的靓女。一米七九的个头，亭亭玉立，长相也十分甜美，走时装 T 台出身的。很年轻就出来闯了，后来在职场上也混了很多年，对一个女孩子来说，做得还算是很成功的，而且应该说也是见过大世面的人。

由于她也正好在上班途中，于是我们俩便约好到公司后 QQ 联系来解这个梦境。下面就是我们在 QQ 上的对话。

梦侦探

你想想吧，其实你的内心一定知道，只是有时候你不太愿意面对。而梦境可不管这么多，心灵受到伤害或者刺激，它就一定要发泄出来，只不过是透过梦境曲折地发泄出来而已。如果你读不懂梦境，那就是白发泄了，因为没有对你产生积极意义。如果你能解开这个梦境之谜，你就能得到释怀，从而放下心灵的包袱，轻装上阵。

梦侦探

你想起来了吗?

梦女

嗯，是一个月前的，我觉得我已经忘了。

梦侦探

你的心灵并没有忘记。

梦女

是某省商会在上海最大的领导，我们公司想帮他们出刊物。是由我负责这个项目的，之前都相处得非常愉快。

上个月他生日，他让我去他家见他，并且说要做饭给我吃，我推不掉，说了好几次。我原来以为他开玩笑，一个大领导怎么会随便请人去他家呢，就敷衍地答应了。

谁知他就抓着这不放，说我是他在上海很少的朋友之一。又不能得罪他，就硬着头皮去了。反正去了就不舒服，他在做菜，我还故意 7 点多到，想快快吃完就跑。谁知他在等我和他做菜。然后吃完他就亲了下我的脸，还想抱我，我吓得立马狂奔出门。

就这样，我回到家，他还给我发短信说很谢谢我陪他度过一个难忘的生日。我当时就觉得恶心，就像癞蛤蟆爬脚背——恶心，就没理他。

后来也和我老板说了，老板就骂他，说如果我不愿意就不要理他，别为了工作。这还是让我挺欣慰的。

梦女

前两天，就是 19 号，他们商会组织了一个迎中秋的活动。我本不想去（当时也没人邀请我，我从朋友那儿知道的），他就发短信给我问我是不是不再理他了。我本是不想理的，但想到工作，在他身上下了那么多工夫，有点儿不甘心，就回他了。他就给我发了很多条，还让两个处长打电话给我，所以后来我就去了。当时人很多，有一百多人，我也一直和他保持距离（里面很多人我都熟），事情就这样了。

梦侦探

哦，也就是前两天的见面让你终于把压抑在潜意识中的情绪释放出来了。你想想看，这件事情已经过去这么久了，还在你梦境中出现，说明其实对你的伤害挺大的。

梦女

这件事确实是有阴影的。

虽然至此梦女似乎把这个梦境的渊源招出来了，而且吻合我原来的预期，但是，有时候我们不能以主观臆断来分析一个梦境。梦境是很复杂的，有时候并不是由一个因素造成的，因此，出于职业习惯，我就继续追问她，希望弄个水落石出。

梦侦探

还有没有其他你觉得可能也有关的事情？

梦女

还有一件事，也有一个月了，但我觉得应该对我没有什么影响，就是少赚点儿而已。那时帮我客户卖了一张他的球卡，交易已经结束了，我们三方该拿的钱都已经放到口袋了。我帮我客户找卖家，另一个女孩子帮忙找买家。

梦侦探

后来出差错了？

梦女

嗯，我和那个女孩子也合作过好几次，私下和她的感情也很好，然后她和我说她忘了把过户费扣出来，是12400。她让我和客户说。我和客户沟通，他刚开始是答应的，但就是找理由拖，等于说我女朋友犯了个很低级的错误，以前也从来没发生过的。如果是我以前的客户，我相信他们也会把这钱补回来的，因为对他们来说也是小钱。但倒霉的是我碰到了一个这样的客户。当初他让我帮他时，我是很努力帮他的，但他拿到钱后就不负责了。

梦女

其实我是相信我女朋友的，她可能是真的犯糊涂把这给忘了。因为正常的情况下，我们都是给客户一点儿订金，尾款是过完户后给的。那她也相信我，就把所有的钱都给我了，我也没多想就把钱都给客人了。就这样，事情发生了。我打他电话他不接，给他发短信他不回，没办法我就让我女朋友给他打电话，他接了，还约好第二天出来和我女朋友谈。结果他就耍无赖了，不见我女朋友，还把她气得要死。我女朋友就和我说他是个垃圾，我想想也就算了，这个案子我赚了7000块，我女朋友赚的我就不知道了，我把钱都还给她，让她把过户费补上，就这样。

同行都说我蠢，说这和我没关系，但我觉得大家都有责任的，对吧？客人是我这边的，但她犯了个大错误就是没把过户费扣出，这是我们每个人都知道的，所以……唉，有点儿郁闷。

梦侦探

不过从客观的角度来看，这件事情你们做得也有一些瑕疵。

梦女

是的，不过我觉得还是个人素质问题，特别在我们这个圈子里。以前也有过客户让我帮卖，收了5万订金，结果人家不买了，只要我们去好好说，都会把钱退回来的。因为他们知道我们赚这个钱不容易，所以都不会为难小姑娘。

这件事情最关键的就是这个客户他知道我们找不到他。所以啊，这事情我是有点儿无辜，但我也没太怪我女朋友，所以我觉得对我的影响还好吧。其实我是想不通，当你很相信一个人去帮他时，他却对你不管不问。说不出来，心里堵，钱倒是小事情。而且都是有地位的人，还不如我们在外打工的小姑娘。也可能我以前太顺利了，遇到的好人多，呵呵。

我们看到，梦女在整件事情的表现上还是可圈可点的，面对职场客户的性骚扰，梦女刚开始是逢场作戏，因为怕得罪了客户。当客户采取进一步行动时，梦女还是果断地逃离了，并且在以后还尽量避开这个客户，使性骚扰事件不再继续。

在球卡交易中损失钱的事件中，梦女的女友在此过程中负有主要责任，但是梦女还是很讲义气，没有责怪女友，也没有怀疑女友，而是两人站在一条战线上，希望从客户那里拿回由于疏忽没有拿到的钱。虽然最后未能得偿所愿，令梦女心中不爽，但总体而言，梦女也是采取了比较淡然的态度，对于钱财的得失没有过于追究，并最终得以释怀。

所以说这个梦是一个疑案，因为最终我们难以确定到底是由哪一件事情导致的这个梦境，只能说都有可能吧。因为整个梦境的主题还是一种选择上的懊悔，至于被黄蜂蜇，可以理解为遭到的性骚扰，也可以理解为到手的钱又失去了，总之是遭受损失。

2. 凶猛的狮子——职场上司性骚扰定案

客户的性骚扰其实还好对付，最难对付的就是上司的性骚扰。职场性骚扰的第一危险源一定是上司，因为上司掌控着职场升迁和收入，也掌控着你的职场情绪，因此有机会利用手中的这些资源来威逼或者利诱。很多职场女性，为了面子，也为了不惹麻烦，对于这类事情，总是采取回避退让的方式。最困扰她们的是，这种事情还无处诉说，特别是跟男朋友或者老公更难以启齿，从而失去一种可以共同面对这类事情的精神力量，总是令事情走向不可收拾的地步。

其实，面对职场性骚扰，除非你自己愿意，否则，在第一时间就必须针锋相对，摆明立场，令其知难而退。任何的退让和含糊，都会导致事情的进一步恶化，最终的结局一定是你当初尽力想避免的。

2009 年 10 月 21 日，我上 QQ 时发现有人给我发了长长的一段留言，主要是说最近做了一个梦，想跟我聊聊。但是我发现当时当事人并没有在线上，所以没法与她沟通。

一连过了几天，我一直很忙，没有来得及跟当事人联系。后来又过了一段时间，还是一直没有机会跟她联系。于是我决定先来分析一下这个梦，看能不能直接解出来。虽然这样做不符合科学解梦的要求，但是，由于与当事人之间一直没有机会沟通，也只能通过梦境中传递出来的信息来尝试解释这个梦境所要表达的主题了。至于与梦相关的现实生活中的细节，则可以留给梦女自己去寻找。

下面就是梦女给我的留言中关于梦境的描述：

我昨晚做了一个这样的梦。梦到我回家跟最好的朋友在一起，最初的镜头是在她家，她爸妈是非常好客的那种人。

然后我朋友陪着我一起去弄牙齿（不知怎么的，我曾经补过的两个牙齿突然坏掉了，不得不去重新弄下）。弄好之后，发现只弄了半边，但是懒得再跑，就算了……

又一个镜头转到了我家，我爸叫我俩提着一袋蛇去一个饭店杀，杀完之后就在那饭店搞饭吃。结果我们就把蛇分成两袋，每人提一袋。那蛇很小一条的，我不知道为什么，不知道是不好提还是干吗，我竟然把手放在袋子里面提着。其实我是怕蛇的，但是放进去以后也没什么感觉。

后来终于找到了一家饭店，准备把袋子给那杀蛇的人，结果发现自己的手在袋子里，而且表面沾满了蛇，一条一条的。那个人帮我把蛇一条一条扯下来，然后想要看我身上有没有蛇爬进去。我很尴尬，又很怕真的有蛇爬进去了（那是个年轻的男性，觉得他是不怀好意的）。

在迟疑的情况下，我爸妈出现了，还有其他的亲人。我跟我爸妈抱怨说为什么要我提蛇过来，害得蛇都爬我身上了。他们帮我清理好就进店里了。

这时突然发现旁边有马戏表演，一头非常凶猛的狮子出现在面前。我们想观看一下的，结果那头狮子突然变得很凶猛起来，也不听驯兽师的话，一个劲地往人群中闯，还竟然会说话，说为什么老是用鞭子抽我作表演，我受够了，然后就一副逢人就想要咬的那种样子。我们吓死了，赶紧跑，结果被那头狮子盯上了，它说你们能跑得了吗？就一个劲地追我们。

我们就一直跑一直跑，似乎无法摆脱……

就是这个梦境，看完之后我竟然马上下了一个结论，这个梦跟性有关。不仅如此，在梦境中还有后悔要素和恐惧要素。联系在一个梦境中这三个要素同时出现，我得出初步结论——这应该是一个跟职场的性骚扰有关的梦境。

由于没有足够的证据支撑，所以我暂时命名为疑似性骚扰。

下面我们来分析梦境给我们传递的信息是否是这样的。

梦境的一开始是梦女跟最好的朋友在一起，这表达的是一种放松的心情。而梦境是在朋友家，这表达的是他人的领地，说明了施加性骚扰的场所应该是在职场。梦境中表达出朋友爸妈非常好客，说明施加性骚扰的人应该是梦女的上级，因为父母代表长辈或者上级。父母的好客则表明这件事情在一开始那个人对梦女应该是特别关照和爱护的。

然后接下来梦境转到朋友陪着我一起看牙齿的事上。大家知道，“牙痛不是病，痛起来要人命”，这与性骚扰的性质如出一辙。你说性骚扰是大事情吧，也谈不上，因为只是像苍蝇在旁边飞来飞去一样令人心烦，你其实是可以挥挥手把它赶跑的。你说不是一个大事情吧，又会很烦，而且有时候很难将苍蝇赶跑。牙痛的梦一般表达一种难言之隐，所以我觉得这一段梦境是典型的性骚扰的表现。

接下来，梦女弄牙齿，“弄好之后，发现只弄了半边，但是懒得再跑，就算了……”这表达的是这件事情刚开始发生时梦女采取的是敷衍和轻视的态度，可能觉得没有什么，只要自己态度明朗就行了，应该很快就会过去的。也就是说，性骚扰的一开始，梦女没有彻底地解决，而是采取了敷衍的态度。

接下来的梦境继续说明了梦女的这种态度和行为。梦女家准备搞蛇吃。“那蛇很小一条的”，表明了梦女对这件事情的忽视。梦女还竟然“把手放在袋子里面提着”，表达了梦女在刚开始时的暧昧态度，所以就与蛇纠缠在一起了。“其实我是怕蛇的，但是放进去以后也没什么感觉”，这句话最说明问题，当梦女采取敷衍的暧昧态度之后，发现并没有什么对自己不利的事情发生，于是放松了警惕，抱有了侥幸心理，觉得不会有什么事发生。

那么，采取这样的态度有什么结果呢？下面的梦境就表达了这种结果——梦女惹上了麻烦。有一个不怀好意的人想打她的主意。而蛇，代表着一种男性的危险，或者代表着一种阴谋。蛇想往她身上钻，代表了一种男性的性威胁。

接下来的梦境让我们放下了心，因为父母和其他亲人出现帮助梦女摆脱了这个困境。而在现实生活中就不可能是父母亲人帮她了，可能真正关心梦女的人，应该是她的同事、好友或者男友。总之，通过梦境来看，这件事情似乎已经解决了。

但梦境的结尾又峰回路转。梦境中出现了马戏表演的场面，并且还被凶猛的狮子追赶。这一段梦境说明这件事情并不是那么简单。可能有人不高兴了，而且说了很多危险的话，这令梦女觉得恐惧——那人似乎盯住了她……

这就是我对整个梦境的分析。我觉得反映性骚扰主题的信息已经十分充分了。

在分析完这个梦境后不久，我在梦女的QQ签名上看到了这样一句话——已经辞职，现在在老家休息。这个信息让我敏锐地感觉到，事情有点儿蹊跷，可能真与性骚扰事件有关。

但是，梦女一直不在线上。为了让这个解梦案例有一个完美的结局，我便一直在梦女的QQ上留言，告诉她我找她有事，希望她能够跟我联系。

时间到了2010年，梦女终于跟我联系上了。

梦女

抱歉最近没有上网，找我有事吗？

梦侦探

想给你解那个梦。

梦女

这么久了你还记得呀？

梦侦探

你辞职了吗？是不是单位有人对你不好？

梦女

不是，是我自己不想做下去了，感觉学不到什么东西。

梦侦探

你那个梦，从表象来看是有人对你图谋不轨，因此想跟你证实一下，我还怀疑是你单位的人。

梦女

你是指哪方面的不轨呢？

梦侦探

比如说性骚扰。

梦女

不是吧。怎么会是这样的呢？

梦侦探

我觉得是，那段时间你遇到了什么麻烦？

梦女

我现在有点儿事情了，下次跟您说。

这次对话就这样结束了。我们看到，梦女否认了我的分析和判断。但是，通过对话我们看到，其实梦女是言犹未尽，而且通过这次对话，我更加坚定了自己的判断。于是，我继续给她留言，希望她再跟我联系。

几天之后，梦女终于又跟我联系上了。

梦女

在吗？我这几天没时间上网，真的不好意思。

梦侦探

没事，现在在老家吗？

梦女

是的，现在在家里考驾照，反正也是闲着。

梦侦探

说说那天没有说完的那件事吧，与你的梦有关。

梦女

你为什么会那样分析？有何相关的依据吗？

梦侦探

通过梦境知道你那段时间受到这方面事情的困扰，而且我怀疑你辞职也与此相关。

梦女

并没多大关系，只是真的不太喜欢在那里做下去了。

梦侦探

你说吧，可能有这方面的原因。

梦女

你可以去当神算了。

梦侦探

说说这件困扰你的事吧。

梦女

也没什么，是我们医院的一个领导对我有不一样的感觉吧，也许通过上次单位搞的晚会我做主持发现到了我。

梦侦探

但是他可能对你有所行动，而刚开始你并没有在意，以为没有事。

梦女

是这样的，我同领导们吃了一次饭，感觉出来了，所以那些天脑子里面很乱，老是想着。

梦侦探

他可能向你明示过。

梦女

没有。只是喝醉酒向我示意了，并没什么大的影响。

梦侦探

但是这件事情你男朋友知道吗？因为梦境表达的是你在家人的帮助下才摆脱了困境的。

梦女

没有……他并不知道这件事情，只是我觉得再待在那里也没意义了。

梦侦探

哦，但是梦境显示你拒绝他后，他对你态度不好，让你有点儿害怕。

梦女

为什么这么分析？你是从什么依据得来的呢？

梦侦探

因为梦境的最后有狮子追你，而且说你跑不掉了。

梦女

这个有些有趣啊。那你为什么把他比喻成狮子呢？

梦侦探

不是我，是你自己的梦。而且在这个过程中应该有人帮你解围了。

梦女

其实，我觉得最大的解围者还是我自己，是我一直在逃避，甚至不敢去面对。

梦侦探

有可能。你没有跟第二个人说过吗？同事之类，让他们帮你出出主意或者做做挡箭牌？

梦女

没有，因为他地位的关系，我不敢告诉任何人。

梦侦探

但是在梦里你还埋怨了别人。你会埋怨谁呢？

梦女

不相关的领导，是我们部门的顶头上司，他脾气很坏，经常训斥我们部门，不管有没有错。

梦侦探

那就是说，这件事跟他想给领导拍马屁有关，是他导致了事态的发展？

梦女

他是最怕那位领导的，但确实是很会拍马屁，我们都不喜欢他。

梦侦探

所以说你辞职还是跟这件事情有关的。

梦女

这么说起来差不多吧，没什么值得我留恋的。

对话就到此结束了。

事情真相大白了——这个梦境确实与性骚扰有关。虽然其中一些具体的细节与真实情况有差距，但是，在这样短短的对话中是很难将当时的情形、发展过程讲得很清楚的。

再加上从对话中我们可以看出，梦女的防御心理还是很严重的。从最初对这件事情的否定，到语气开始松动想一笔带过，到最后不得不承认，都反映了梦女的心理防御。

我相信梦女并不是有意想隐瞒什么，因为找我来解梦的人都首先在意识上决定了以坦诚的态度来对待。但是，潜意识的隐瞒是人的本性，因为这涉及太敏感的话题了，对于一个刚毕业没多久的 80 后来说，能够做到这么坦诚已经需要很大的勇气了。

不管这件事情的过程到底是怎样的，这个梦反映的就是梦女在面对职场性骚扰时的焦虑心理——在这个复杂的心理活动中，包含了后悔、责备、期盼和恐惧等。

而这一事件导致的最终结果就是梦女辞职。

其实梦境也已经透露出了这样的信息——不管狮子是否一直追着她不放，至少从梦境反映出来的心理状态是一种恐惧感和难以摆脱的心理。在这样的心理状态之下，辞职就是一个必然的结果了。

3．玩偶——企业文化潜规则全景图

性骚扰是常见的职场潜规则，其实影响人更深的还是企业文化的潜规则，这是一张看不见摸不着的大网，让深陷其中的人不能自拔。处在这一潜规则中，我们能做什么呢？你的任何表演，都是为最后的屠杀娱乐。企业文化的潜规则真的有如此可怕吗？我们来看看梦女的梦境——这是一幅企业文化潜规则的全景图，这其实也是你心中真实的看法，只是你平时没有察觉而已。

一位OL（Office Lady的缩写，办公室女性）做了一个梦，自述做这个梦的背景是在日本地震之后，整个空气中都弥漫着一股恐慌的气味。而自己的公司则正在做十周年的庆祝活动，自己对这类活动似乎提不起兴趣，只抱着冷眼旁观的态度。而且她最近一段时间以来整个情绪状态都不是很好，感觉自己很冷漠，她将梦命名为“被屠杀”。下面是她的梦境：

梦到和一群人去参观一个公司，结果进去之后我却成了这个公司里的人。等参观的人走后，我发现公司里所有的人都是工具而已。我和一个姑娘各自用手抓住一棵树的树枝，我们穿着红棕色的套装，我们在扮演鸟，但是就像纸板人一样一动不动地挂在树上，一点儿也不像鸟。

不一会儿，又有人来参观，老板要求我和那个姑娘出来给大家表演武术。不久以后，所有的人都变成了阶下囚，被公司老板控制，而且他想一个一个亲手杀掉我们，用趁人不备或措手不及的方式。所有人都知道他想杀掉我们，但是没有人出来说什么，或者联合起来反抗什么，都没有。

大家都在等待着。只见他放了非常优美的音乐，面带微笑，走到我和那个女孩都很喜欢的一个男生左边，然后优雅地在男孩耳边说了些什么。

只见男孩微笑着闭上了眼睛，一把小刀已经插入他的太阳穴。我们非常惊讶地看着这一幕，接着老板拔出小刀扑向我旁边的姑娘，在她的胸脯上连刺四刀，接着又来刺我，我就被吓醒了。

看完这个梦，我对梦境的整体氛围有了一个初步的把握，看得出梦境中冷漠的情绪存在，也能感受到在日本地震造成的核辐射阴影下，整个世界都笼罩在世纪末的情绪之中。梦女既被这种情绪所感染，又对此抱有反感情绪，有种“真伤感，真矫情”的感觉。而且在这种状态下，梦女对公共活动也抱着冷眼旁观的态度，并且可能对公司中的很多做法不满，于是触发了这个梦境。

凭着直觉，我把这个梦境的标题从“被屠杀”改为“玩偶”，是因为“玩偶”这个标题能够更恰当地表达这个梦的主题。

从梦境来看，并没有什么特别。第一段梦境表达的是梦女从一个局外人被无辜拉进去成为局内人，其实是成了一个被人利用的工具。接下来的梦境生动形象地表达了大家作为一个玩偶角色的状态。“我们在扮演鸟”本身就带有贬义的意味，再加上这样的鸟“像纸板人一样一动不动地挂在树上，一点儿也不像鸟”，表达的是一种苍白的情感，一种玩偶的象征。

接下来的梦境是“有人来参观，老板要求我和那个姑娘出来给大家表演武术”。这表达的是老板为了讨好上面（有人来参观），把大家折磨得够戗，表演武术表达的是一种高难度的工作。但是这样做的结果，其实都是被老板利用，因为后来所有人都变成了他的阶下囚。

而且，这个老板是一个阴险毒辣的人，“他想一个一个亲手杀掉我们，用趁人不备或措手不及的方式”。不仅如此，这个老板似乎还很有淫威，因为所有人都知道他要干什么，却没人站出来反抗。

我们看到的就是一幅麻木的场景。这个老板还是一个笑面虎，是一个杀人不眨眼的人。因为“只见他放了非常优美的音乐，面带微笑，走到我和那个女孩都很喜欢的一个男生左边，然后优雅地在男孩耳边说了些什么。只见男孩微笑着闭上了眼睛，一把小刀已经插入他的太阳穴”。

最后，梦女被这种恐怖的气氛惊醒。

可以这么说，这个梦应该是梦女对目前自己工作状态的一种潜意识认知。需要说明的是，在这里，老板可能意味着公司领导，但也不一定意味着某个真实的人，而是梦境为了说明自己所感受到的这种冷漠和无聊的工作状态时所借用的道具和拟人手法，因为这样可以形象地说明每个人的存在状态和最终的结局。

这其实就是一种职场潜规则的感悟，梦女感到一切都在潜规则的控制下，每个人都想摆脱，但是却无能为力，每个人都不由自主地陷进去，并最终成为受害者和牺牲品。这就是潜规则的巨大魔力，确实令人欲罢不能，就像一张巨大的无形的网，笼罩着职场中的每一个人。而老板则在幕后，像操纵玩偶一样操纵着所有这一切，特别是当内部钩心斗角打得一塌糊涂，并且有人自以为表演得很完美的时候，就正是老板收网的时候——在优美的音乐旋律之下一个一个地杀掉。

我们看到，梦女为我们展现了一幅可怕的职场企业文化潜规则的画面，当然，这一画面不一定就是真实现状，有可能是梦女受到世纪末情绪的感染——以及筹备公司十周年庆带来的烦恼在内心的演绎。然而，不管怎么样，这个梦境还是给我们揭示了职场企业文化潜规则的本质——每一个人都是职场玩偶。

4. 被曾志伟保护的污点证人——潜伏其中但不要被异化

身处职场，不得不受到企业文化潜规则的影响，我们一时难以逃离这种影响而做到独善其身，这是很难的。因此，你就权当自己是一个卧底潜伏其中，冷眼旁观这世间百态，但是一定要记住，保持清醒的头脑，不要被企业文化潜规则异化成为同流合污之人。你要做到“出淤泥而不染”，在乌烟瘴气中保住自己的清白，并且尽可能凭着自己的良知而不是潜规则行事。

梦女为一位职场高管，她梦见一个杀人事件，并且自己成了证人。这是怎么回事呢？且看我们是如何揭开这个谜案的。

梦女

我昨天晚上做了一个很奇怪的梦，我亲眼看见我的同学在班上被另一个人吊死了，我成了证人，然后很多人一起保护证人。

梦侦探

那就是保护你？

梦女

是的，梦见了保护我的人是曾志伟。我亲眼看见我同学把另一个同学害死了，只有我和另一个男生看见了。结果，不知道为什么那个男生做假证，说他没看见，只有我一个人看见了。于是我成了大家保护的对象，一直到上庭。

梦侦探

前几天你不是说在看《非常主播》吗？会不会跟这有关？

梦女

没有关系，《非常主播》是个喜剧。我是昨天晚上做的梦，《非常主播》是周二看的。

梦侦探

那这个梦表达的就是一种委屈或者被冤枉的感觉。

梦女

哦，你提醒了我，我想可能是我觉得和我同一天进来的那个小姐妹很可怜吧。她是董事长秘书，董事长做什么事情都喜欢让她跟着，我感觉董事长每次跟她说话，语气都很不好。然而，我跟董事长说话时，他又是笑眯眯的，所以，我可能从内心上来说，感觉董事长的级别观念太强了。

梦侦探

那昨天发生什么事情了吗?

梦女

昨天早上，我们董事长跟那个秘书说，早上让她直接去他家找他。结果那个秘书去得很早，在他家楼下等了很久，最后，董事长又说不用去了。她相当于白在他家门口等了很久，又自己坐车去上班。后来我安慰了她半天，我们董事长做事情条理性也太差了。

梦侦探

好像跟这个梦境关系不大，因为你是证人，有人保护你，这一点没有线索。

梦女

后来董事长找我进去沟通一件事，我有件事的处理方法让他比较满意，他就很笑嘻嘻的，还用手抚摩了我的头，我当时又觉得他是个很慈爱的老人。可是到了下午，我又看见他吼那个秘书，大家都装作没看见，我有点儿生气。然后走的时候，公司只有我、老总和秘书，我有个朋友来接我，那个秘书就和我一起上了朋友的车，没有跟老总一起走。她说她知道这样不好，但是她也不想再理董事长了。

梦侦探

难道以前她都是跟董事长坐一个车走？

梦女

不是。因为昨天我的媒体朋友和老总聊得太晚了，公司就只留下我、老总和秘书了。一般这种情况，应该坐老板的顺风车出去才对。但是，没有。我们走的时候，老板还在楼下等司机，我们先开车走的。我看见他眉头皱着，但不是对我，他一定是觉得秘书应该陪他的。

我当时觉得，虽然我看到了这一切，我也只能装作看不到。反正也没什么大不了的，下班了，也没必要看谁的脸色。

结果，那个女生，是从国外回来的，她本身以为是做一些文职上的事情，现在发现就像老板的贴身保姆，所以，也就有点儿情绪。

我其实有点儿担心她，因为这样下去，老板肯定不高兴。但是，我也觉得没必要对老板太好了。就这么点儿钱，又没什么发展，何必呢？

梦侦探

那女孩在国外待几年了，怎么没有学点儿有用的东西啊？

梦女

性格问题。人的能力是一方面，性格太温柔、软弱了。

我觉得，我可能是想保护她吧，但是，又不能做得太明显了。她的问题在于，她没有待过什么很大的企业。

梦侦探

嗯，这个有点儿靠谱。还有别的什么事情吗？

梦女

没有其他事了呀，昨天下班回来，一吃完饭就睡了。可能是每天起得太早了，后来中途又起来，看电视，又睡着了。

梦侦探

媒体朋友跟老板谈什么？谈得怎么样？

梦女

谈我们公司的“孝文化旅游项目”，谈得很投机。

我感觉，就是那个事，因为我比较担心老板不满意她，把她炒了，这样我就没有伴了。

梦侦探

你们回家路上谈了什么？

梦女

王力宏的演唱会。我那个朋友说，还不如去看纵贯线的。结果，我们都说王力宏的好。

那个媒体的朋友，他说他认识刘亦菲，说如果我想见，可以见。我说，我只想见王力宏。

梦侦探

哦，就是上次你说的追你的那个？

梦女

我们很自然地在交往啊，就像朋友一样。总之，我们整个回去路上大家都在谈这个，没有别的。

梦侦探

能不能再想想，看看还有没有其他事情。

梦女

哦，想起来了，中间有一件事。媒体朋友他们公司晚上搞了一个房地产的聚会，晚上让我一起去，我说我不喜欢应酬。他说我应该多认识一些地产圈的人，我说，我下班了以后就不喜欢谈房地产的事了。他就说我是个福人。我就说，男人和女人追求的东西是不一样的。我现在这样有工作有生活就很好了，不喜欢应酬。然后，我就和那女孩在武广下了车，他和他的同事去聚会了。

我的感觉，梦还是跟那女孩有关。

梦侦探

呵呵，挖得差不多了。根据你提供的情况，应该差不多吧。

梦女

一方面，我觉得她选错了工作；另一方面，我又不希望她落下了，我还是希望她能和我一起工作的。我感觉到她有点儿危险，但是我又不想告诉她，给她压力。

梦侦探

那就是你内心的矛盾冲突？

梦女

是的，那个女孩子和我同年的。我觉得，人的性格和一开始的工作决定了她未来的发展方向。

她只有乖乖地听话，才能在这个公司生存。

但是，你想想看，她和我谈得来，就证明她不是那种没有性格的女生。问题是，她的工作性质和我的工作性质不一样，不可能像我这样的。

我感觉，她要是不做了，被开了，估计我也不想做了。所以与其说是她的危险，不如说是我的危险。

梦侦探

你的分析是有道理的，是一种感同身受吧。

这个解梦过程到此就结束了。我们看到，这个梦其实是一种对公司潜规则的敏感。梦女感觉到老板对女友的态度，预感到女友有可能很快被老板炒鱿鱼，因此，在梦境中就体现为有人死了。而被吊死是一种很惨的现象，也是一种需要从后面下手的行为，这折射出梦女对老板行为的负面感受。

而梦女已经看到了这件事情的结果，但是又不能明说，因此，在梦境中就成了证人。有一个人做假证，其实这个人正是梦女自己，这是梦女对自己行为的反思。她已经预感到这件事情的结果了，又为了不伤害到女友，她就只能装作没有看见。这样的行为让梦女觉得自己虚伪，因此在梦境中就会出现一个做假证的人。

在梦境中这个做假证的人是别人而不是自己，这是潜意识的防御机制，因为要回避罪恶感。同时，在这种反思下，梦女将自己的情操进行了升华，觉得自己这样做其实是一种高尚的行为，是为了保护女友，不伤害她。因此，在梦境中就成了类似于港产片中的污点证人的角色，成为保护的对象。

这也印证了梦境中保护她的人是曾志伟。因为曾志伟是与港产片高度关联的一个角色，并且经常会演一些黑社会的片子，自然就涉及污点证人。至于梦境中的同学关系与实际中的同事关系是同类的，表达了一种同病相怜的感情。

我们看到，梦境把自己变成污点证人，表达的是梦女对整个职场潜规则以及自己身处尴尬位置的反思和感悟。

5. 评委黑幕——无奈之下有选择

要在企业文化潜规则的迷雾中独善其身是很难的，除了你自身的品质与定力之外，还要看这一潜规则的严重程度。对于轻度的潜规则，我们可以做到潜伏其中并不被异化；而那些污染严重的潜规则，就是那种老板带头明目张胆地对企业文化进行破坏的行为，我们还是有选择的——用脚投票，抬脚走人。

一般人会认为在一个公司里，老板最潇洒，员工最苦，几乎每一个公司的企业文化都提倡员工奉献，老板坐享其成。其实如果从另外一个角度来看，情况却完全相反——就职场主动权来说的话，主动权往往掌握在员工手里，而老板更多的是无奈——员工在暗，而老板在明。

比如说，如果老板不中意某人了，想要炒掉他，那就要左考虑右斟酌，因为炒人的风险很大，不仅有劳动纠纷，而且还可能有商业纠纷。而员工呢？如果想炒老板了，老板根本还蒙在鼓里，员工可以一边悠闲自在地拿着工资，暂时对付着工作；另一边则另觅高就，直到找到一家合适的单位，然后一封辞职信就结束了——老板只能手忙脚乱地赶紧找人来替代。

再比如，对于企业文化的执行，其实主动权也掌握在员工手中。你可以按照公司表面上的要求执行，如果你够勇气，这样做的结果有可能让老板进退不得，逼迫他认真执行企业文化。当然，你也可以像其他员工那样阳奉阴违，表面一套背后一套。这全取决于你的职场态度，这就是职场员工的主动权。

难怪在这个梦例中，梦女觉得自己就像是克林顿的特工那样神秘而又神气，掌握着职场的主动权，冷眼旁观着一出出职场好戏。

这位职场OL刚到一家公司上班不久，就做了一个梦发给我，希望我帮她解梦。

下面就是梦境的内容：

在梦里克林顿应该是我的领导，我们是在国家保密局工作，直属总统管理，是一群没有名字、没有真实身份的特工。其中我们有四个人是总统最信任的特工，只有我一个是女的。

有一天总统派我去执行一个任务，这个任务是去一个村里当超级女生的评委。我十分不解——我们这种受过特种训练的人为什么要去做这个事。克林顿总统告诉我，这个任务很重要，因为这个村支部的书记很有可能是未来的主席，也就是我们最需要关注的人。他帮我安排了一个身份，我就成了村里的一个干部。

比赛开始了，大概有十几个选手参赛。我看了一下那个村支书，是一个打扮得很土的人，说话声音超级大，我简直不敢相信，这样的人会是以后的主席。但是，我想既然总统这样安排，应该有他的道理。

比赛的过程中，一共有六个评委，大多数的时候，只有和我坐在一起的三个评委在评头论足。我为了掩饰身份，也开始提问。后来，台上的主持人老是把话筒交给我。我担心话说多了会暴露身份，于是，我一边找一些词来评论，一边又要集中精力观察这个村支书。

据观察，表面上来看他是公开竞选超级女生，实际上却是在拉拢群众关系。所以，他的那种粗俗、大嗓门也让台下的很多人激动。这个表面上的竞选实际上是为了安插人。

但是，我认为他应该是赢不了我们的总统的。因为时代变了，不像以前是旧社会，高科技的社会要讲究方法，也要起用更多尖端的人才，比如，反侦查的能力是必需的。虽然群众的力量大，但是如果有一个优秀的领导来培养忠诚的战士会比盲目作战损失小很多。

再看看这个村支书的形象，丝毫不能跟克林顿总统作比较，无论从外形上还是能力上。在梦里，我是一个很忠诚又很崇拜总统的人。我把这些情况都记录下来了，通过我耳边的一个蓝牙发送出去，传给保密局。

与此同时，我与台上的村支书四目对峙，微笑而过。心想，这个任务我赢定了。

这就是全部的梦境。这是一个什么样的梦呢？

从表面来分析，这个梦有一点儿像无间道，是一个关于卧底的梦。梦里面出现了一些比较有价值的元素，比如说这件事关系重大，因为那个人很可能是未来的主席；又比如说这件事有一点儿挂羊头卖狗肉的感觉，因为是借超级女生之名拉拢群众；还比如说，梦女担心言多必失，不愿意说太多；再比如说，观念需要更新，因为现在已经不是旧社会了，而是高科技社会了；并且提到忠诚度的重要性。

其实，通过上面的这些分析，我们基本上有一点儿谱了，这应该是一个关于某个人才的梦，在某一件关于某个人的事情上，出现了名不副实的情况。而这种情况，是梦女鄙视的。但是，梦女似乎也有些担心，不愿意讲太多，怕暴露自己，所以只有保留意见，不让别人知道。

这就是整个梦境所显现出来的信息。

如果分析到这个程度，我们的梦女还不能回忆起触发这个梦境的原因，那我就只能无语了。

不过可喜的是，这种事情很少会发生，下面就是梦女觉得跟这个梦境相关的回忆：

一、做梦的当天下午，公司内部公开竞选我所在部门的一个重要职位，并且还当面进行了评审。董事长从头到尾没有表态，说让我们自己做主。但是会后，以董事长为首的六个领导一起讨论选哪一个。我和人力的负责人都看中一个小女生，而我们董事长和其他的领导却不由分说地选了另一个，这让我感觉到整个就是一个黑幕。但是，我也没有过多争取，觉得这种事情在职场上已经见怪不怪了。

二、我刚来这家公司时，因为跟董事长有过沟通，对他的印象十分好。但是，就在那一次公开竞选会上，有一个环节是董事长发言，他当时很大的声音，是真的很大的声音，还是拿着话筒的。当时把我吓了一跳，觉得这很粗俗，相当的土，素质差了点儿，像农村干部一样，印象马上改变了。再加上，他做什么事都喜欢有人陪，就算是中午去食堂吃饭也是，这一点我很反感。

三、当天晚上回家和爸妈一起看了电视剧《地上地下》，是讲国民党和共产党争夺沈阳的事。结果是潜伏在国民党里的共产党特工圆满完成了任务，当时心里特别高兴。

四、我们三个人都觉得这个电视剧比《潜伏》拍得好，演员表演得很不错，特别是男女特务主角，特别有气质，那个男主角是一个光头，很有人格魅力。这让我想到那个光头其实还是不错了，培养了不少人才。而这种对光头的肯定可能让我联想到了克林顿，因为平时大家聊天时都会认为克林顿很有气质风度，这才是当总统的样子，况且电视剧中还有当时美国援助国民党的情节。当然也有可能与对董事长的印象转变有关。

有了梦女所提供的这些线索，这个梦就很容易解开来了。

梦女白天在职场受了刺激，晚上回去看了一部谍战片之后，用谍战片的形式做了一个表达对职场政治不满的梦。梦境中的人物和事件都借助了谍战片以及目前流行的一些时尚元素，当然，有些也是通过谍战片的联想而出现的，比如说克林顿总统。

下面我们就来分析这个梦境。

【梦境的第一段】

“在梦里克林顿应该是我的领导，我们是在国家保密局工作，直属总统管理，是一群没有名字、没有真实身份的特工。其中我们有四个人是总统最信任的特工，只有我一个是女的。”

这一段表达的是渴望遇到明君。换句话说，就是对现有领导不满。一开头，就用一种侧面的方式表达了内心深处的感受。

【梦境的第二段】

“有一天总统派我去执行一个任务，这个任务是去一个村里当超级女生的评委。我十分不解——我们这种受过特种训练的人为什么要去做这个事。克林顿总统告诉我，这个任务很重要，因为这个村支部的书记很有可能是未来的主席，也就是我们最需要关注的人。他帮我安排了一个身份，我就成了村里的一个干部。”

这一段表达的是对工作或者任务的不理解，认为没有必要。但是受到劝说，于是勉强接受。这与这次职场选秀有关。梦女可能认为这件事情完全没有必要这么大张旗鼓，领导直接定了就行。但是，估计董事长说了这场职场选秀的重要性，需要大家集体评议，所以，梦女接受了这个意见，并且很认真地投入到这场选秀之中。

至于说是超级女生选秀，其实就是一场职场选秀，性质是差不多的，只不过领域不一样，所以，以超级女生选秀来替代职场选秀。

【梦境的第三段】

“比赛开始了，大概有十几个选手参赛。我看了一下那个村支书，是一个打扮得很土的人，说话声音超级大，我简直不敢相信，这样的人会是以后的主席。但是，我想既然总统这样安排，应该有他的道理。”

这一段把对董事长的厌恶情绪表现得一览无余，但是又想到他既然坐在董事长这个位置上，应该也有他的可取之处。

【梦境的第四段】

“比赛的过程中，一共有六个评委，大多数的时候，只有和我坐在一起的三个评委在评头论足。我为了掩饰身份，也开始提问。后来，台上的主持人老是把话筒交给我，我担心话说多了会暴露身份，于是，我一边找一些词来评论，一边又要集中精力观察这个村支书。”

这一段是职场选秀时真实情况的再现。当时的情形可能是大家小心谨慎，互相猜测对方的意图，而且还要看董事长的脸色。每个人的问话都是虚晃一枪，混淆视听，另有目的。每个人都怕暴露了自己的真实观点和意图，怕被人看清楚了。

【梦境的第五段】

“据观察，表面上来看他是公开竞选超级女生，实际上却是在拉拢群众关系。所以，他的那种粗俗、大嗓门也让台下的很多人激动。这个表面上的竞选实际上是为了安插人。”

这一段揭示了职场选秀的本质。第一，董事长很土，不会用人，只会用听话的、素质较差的人；第二，虽然董事长说得冠冕堂皇，但是，这场选秀的目的不是挑选能干的人，而是为了安插人。

【梦境的第六段】

“但是，我认为他应该是赢不了我们的总统的。因为时代变了，不像以前是旧社会，高科技的社会要讲究方法，也要起用更多尖端的人才，比如，反侦查的能力是必需的。虽然群众的力量大，但是如果有一个优秀的领导来培养忠诚的战士会比盲目作战损失小很多。”

这一段表达了梦女内心深处对人才的定义。第一，必须是具有专业和能力的现代化人才；第二，忠诚度很重要，员工只有对企业忠诚才能为企业作出贡献。当然，在说到这个忠诚度时，梦女特别强调的是这种忠诚不是一种愚忠，而取决于领导本身，必须是一个优秀的领导，才能培养出忠诚的战士。

【梦境的第七段】

“再看看这个村支书的形象，丝毫不能跟克林顿总统作比较，无论从外形上还是能力上。在梦里，我是一个很忠诚又很崇拜总统的人。我把这些情况都记录下来了，通过我耳边的一个蓝牙发送出去，传给保密局。”

这一段表明了梦女对董事长的看法，说明他不是一个优秀的领导，不是一个明君，不是自己应该效忠的人，因此，不值得自己替他卖命。但是，谁都知道，在职场，这种态度和观点是不能表达出来的。于是，我们的梦女只能通过蓝牙将这个信息发送出去。发送到哪里呢？保密局。呵呵，这句话的意思就是，这件事情只能保密了，不能说了。其实就是自己心里明白就行，是不能说出来的。

【梦境的最后一段】

“与此同时，我与台上的村支书四目对峙，微笑而过。心想，这个任务我赢定了。”

这一段意味深长，而且让我们可以对梦女未来的行为作出预测。上一段梦境已经表达了梦女对董事长的不认可，认为他不是自己所崇拜的那种像克林顿一样的优秀领导，而是像一个农民，这就预示着梦女对这个公司没有归属感。没有归属感的结果是什么呢？就是干不长。

这一段梦境延续了梦女的思路。当他们四目相对时，梦女微笑而过，心中已经打定了必胜的主意。这个主意就是——打得赢就打，打不赢，老娘我就溜。还有一句潜台词就是：嘿嘿，你玩吧，老娘已经赢定了，进退有余。各位不要认为我在开玩笑，我告诉大家，这就是梦女内心深处的想法。而且根据这个想法，我还可以说，梦女在这个公司不会待太长的时间，应该会在很短的时间内离开。

这个公司的价值理念与梦女期待的不吻合。而我知道，梦女是一个带有强烈理想主义色彩的人。当她洞察到了这家企业的文化只是表面文章，一切都是按照潜规则行事的时候，她只有两种选择，要么凭着自己的小聪明适应它，要么拍拍屁股走人——这难道不就是我们应对职场的态度吗？！

三 职场人际关系之处理原则

——避免冲突，留有余地

有人的地方就有江湖，有江湖的地方就有恩怨，因此，职场人际关系的处理是很重要的一件事情。其基本原则是：避免冲突，留有余地。常言道：良言一句三冬暖，恶语伤人六月寒。说的是人际关系最基本的原则，不要与人在言语上有冲突，因为言语上的冲突大部分都是意气用事。本来并不是你的真实想法，然而，话一出口，覆水难收，对于听者来说，就是很大的伤害，并且难以愈合，这就为日后的职场之路埋下了祸根。

从做人做事方面来说，也要留有余地，因为职场之事并无绝对对错。当你觉得自己对的时候，其实是与天时、地利、人和等因素结合在一起考虑的，所以得饶人处且饶人，不要得意忘形，欺人太甚。且不说这种做法是否正确，但就职场风水来说，那也是轮流转的。要想自己在落魄之时不被人痛打落水狗，就应该在得意之时留有余地。

职场人际关系的冲突多因工作而起，因利益而争，为前者，不值得；为后者，没有必要。既然大家都是为了工作，那就没有必要辩个是非对错；如果大家都是为了利益，那冲突也解决不了问题，就算能解决问题，那也是下下策，为什么不能找一个更好的解决利益冲突的方式呢？其实只要情绪别太激动，冷静下来就能找到好方法。

1. 伴君如伴虎——最难处理的是与老板的关系

职场中最难处理的关系就是与老板之间的关系，特别是受到老板重用时更是如此。这样的职场人际关系，已经超越了单纯的工作关系，掺杂了太多的情感因素在内，令你骑虎难下，左右为难。本案例就是一个典型的例子。

这是经过我的学生转来的一个梦，梦境是别人的，可能由于各种原因不愿意直接面对我的咨询，所以整个过程都是由我的学生来转达的，下面是我的学生的叙述。

老师，这是我同事盈盈的梦。她是 1983 年生的，一个很爱思考很会思考的女孩子，父母早年离异，所以她很独立、成熟。现在还没有男朋友，她对男人的看法是：男人都不可靠。受小时候父母打架离婚的影响，她觉得婚姻那张纸没有用，但是她喜欢孩子，所以她总说将来找个男人，生个孩子，当单亲妈妈；如果孩子养不了就可以给男人家养。

她有过一个男朋友，比她小。现在单位新来了一个男孩子，也比他小，管他叫姐姐。这个男孩子是她喜欢的类型，瘦弱书生型，很听话，很细心周到。这个男孩是老板的亲戚，而盈盈是老板的干女儿，所以干什么事他们俩都在一起做。盈盈是这样的女孩，只要有男孩在，她就会化妆打扮，而且对男孩关心多一些，比如吃饭，如果我们三个一起吃饭的话，她会把菜往男孩子那边推，让男孩子多吃点儿。所以，我想，盈盈其实是向往一份美满的爱情的，只是她不承认，也是有阴影的缘故所以不敢。我曾经对她说过，那个男孩和她挺配的，而且那个男孩刚失恋，但是盈盈说自己只把他当弟弟看……

我把您博客给她看，让她以后有梦可以直接找您解。她有点儿懒，只好我来啦，谢谢老师（送花／玫瑰）。

盈盈的梦：昨天 12 点多才睡觉。梦里很清晰，我骑着自行车，对面走来了两个男人。我们都已经擦身而过了，其中一个男人叫："哎，姐！"（梦里的感觉是这两个男人比我小）我以为我掉了东西，就回头，结果发现其中一人拿着一个直径 50cm 翠绿色的大玻璃球朝我砸过来。我躲开后，球落到了地上，地上都是玻璃碴子。

我发现他不是好人，就加快骑车，他开始追我。这个男孩个子不是很高，身材不魁梧，头发是黑色的，鬈发。我使劲骑，一边骑一边回头看他离我多远，最后我骑到墙角了，就转过身来，背靠着墙，把自行车横在面前挡着。眼瞅着他一只手过来抓我，把我吓醒了。

梦里的感觉是害怕，醒来后也特别害怕，都不敢再睡了。分了半天神，才看清周围环境，知道是做梦，不是真的，然后才敢睡觉。

做这个梦的这几天，工作特别忙，主要是我们公司规模小，而老板又不太相信外人，所以，盈盈就负担了大部分的工作，就像管家一样。我们有什么事都找她，她自己又有很多的事情，所以常常午夜后才睡。她的身体不是太好，会有些通灵那种的感觉在。我分析不出来这个梦表示什么，玻璃球象征什么，骑自行车是啥意思，所以请老师帮忙吧。因为不是我的梦，所以我也不能对内心有个深入的剖析，呵呵。

看完梦之后，我与提供梦的学生展开了对话。

梦侦探

盈盈的梦指向两个方向，一个是工作，一个是情感。工作这边，主要是基于工作压力以及工作中遇到的一些具体事项，如对人的不满等，不一定是针对男性的，也可能是针对女性的，因为梦境中的性别因素有时候是无关紧要的，总之就是工作中不如意造成的。

另一个是情感，那就是她对自己目前情感状态的反思。从梦境来看，她处于一种矛盾的心理，既希望发生点儿什么，但是又害怕被骗，怕自己情感受到伤害，从而导致了这个梦。你跟她交流一下，看她自己怎么看。

纤纤

老师，你太神了，你的分析是对的，刚才她说了。

梦侦探

怎么说？

纤纤

我刚把你的分析说给她，她说分析得很有道理。我也感觉你说的是很对的。因为整个公司就她最忙，她有对老板的不满意，因为老板啥事都交给她做。她既是老板的干女儿，又是老板的员工，工作和情感还得分开，有时候她出于对老板的感情做了不少自己工作范围以外的事，但是老板未必能够回报给她同样的情感。

梦侦探

你的分析有道理。

纤纤

我们老板是个很善变的人，比如政策制定好了，但是代理商一给她打电话说情，她就又答应给代理商优惠，这导致盈盈的工作很难执行。这边和代理商说不能给优惠，那边老板又乱答应代理商，所以盈盈很难受。很多事情，代理商在盈盈这里解决不通的，都会直接给老板打电话。

梦侦探

但是，我还觉得这个梦不仅如此，应该也还交织着一些情感的因素在里面，是这两件事情的交融。

我们来看，梦里骑着自行车，表达的是盈盈觉得自己所能用到的工作工具和手段都十分有限（不是汽车）。对面走过来的人喊她姐，这是一种拉近感情的表示，可能是老板为了让盈盈更好地工作而向她表达的善意。盈盈回头，看到那个人拿着一个直径50cm翠绿色的大玻璃球朝她扔来，这一段在梦境中很夸张，这表达的是盈盈对老板给予自己的许诺和远景描述的看法，认为那是漂亮的玻璃球，很容易破碎，即不是实实在在的实惠。然后是逃亡，后面紧追，这都是工作压力的体现，最后无路可逃，就要被抓住时吓醒了，这表达的是盈盈在面对巨大压力下的焦虑和恐慌。

纤纤

嗯，我觉得很有道理。

梦侦探

但是，还有一个地方难以解释，那就是为什么盈盈感觉梦中的男人比自己小？这表示这个梦可能还纠缠着一些感情因素在里面，这一感情纠葛的触发原因可能是盈盈已经喜欢上了这个男孩，或者这个男孩向盈盈明示或者暗示过了，从而触发了她内心的恐惧感。因为过往的经历告诉她，感情不可靠，她才会觉得男孩扔过来的玻璃球（代表爱意）是易碎的，而且男孩可能是坏的，是想欺骗自己的。于是盈盈想逃离这一份感情，这就给她带来了恐惧和焦虑，因此才会有后面一段追赶和逃跑的梦境，最后无处可逃表达了梦女对此强烈的恐惧感。

纤纤

老师，我觉得这样解释也很对。问了盈盈，她也说不清楚到底是哪个原因造成的。

梦侦探

是的，梦境就是这样，我们有时候很难判断到底是哪个具体的因素导致了我们的梦境，但是，我们能够知道大概是什么样的事情导致了我们的梦境。因此，应该说，这个梦工作和感情的因素都有一点儿。

解梦到此就结束了，我们看到梦女是老板的干女儿，而且公司事务都是交由梦女打理，按照我们平常的理解，这种一人之下万人之上的感觉不是挺好的吗？其实不然，梦女起到的是一个老板与外界的桥梁作用，不仅是与公司其他员工之间的桥梁，还是与公司客户之间的桥梁，并不是那么好做的。

梦女身兼老板干女儿身份，对于自身利益的保护反而处于劣势了，因为无法明目张胆地为自己争取利益。估计老板会有很多口头许愿，就像梦境中那巨大的玻璃球一样，但那就像美丽的肥皂泡一样，只是看起来很美。梦女除了辛勤工作，并没得到实际的利益，因此，才有这个梦境的产生。这个梦境表达了梦女压抑在内心的情绪，潜意识聪明地在我们心灵的后面静静看着这一切——它其实很懂的。

2．上司的大脸——对事不对人，看透不说透

职场中每个人都认为自己是干活的，而上司呢，只是指手画脚动动嘴皮子，然后把你的成果当成他的成果往上交差。实际情况不一定是这样，因为上司的主要工作不是具体的技能性工作，而是大的战略规划、统筹、把握以及协调等工作。一个企业的事务并不只是一个部门的事务，任何部门的工作其实都涉及全局，正所谓“牵一发而动全身”。因此，上司做的都是这些“隐性”工作，看不见摸不着；而你所做的都是具体的“显性”工作，是看得见摸得着的，所以，你才有这种感觉。

即使你的上司真的在混日子不干活，你也应该只看在心里，不要轻易说出来，特别是不能把它当成牢骚说出来。一方面，上司听到你的这种牢骚一定会对你怀恨在心，以后找机会收拾你；另一方面，就算上司的上司听到了，也认为只是你的个人牢骚而已，与工作无关。因此，职场中最重要的一条原则是“对事不对人，看透不说透”。只要你勤勤恳恳地工作，踏踏实实地做人，总是会被挖掘出来的；而那些混日子的人，混得了一时，混不了一世，迟早是会被公司踢走的。

梦女所在的公司正处于动荡之中，她觉得上司们个个心怀鬼胎，各自打着各自的算盘，把所有的事情都交给自己来做。为此，梦女每天都加班到很晚，心中很不满。但是梦女并没有表现出来这种不满，只是继续任劳任怨地工作着。一天晚上，她做了一个奇怪的梦：

公司同事中一个年龄很小还没有谈恋爱的小女生竟然生小孩了，产后在医院住院，于是梦女跟另一位怀孕的同事去看她（现实生活中这位怀孕的同事已经生完了小孩）。

在看望的过程中，梦女听说上司们也会来看产妇，于是在那里闲聊着

等上司们来。这时候听到了几个上司的声音，但是，门口出现的却是已经离开了公司的另外一位上司——这是一位有着一张肿胀大脸的上司——而这张大脸竟然将梦女从梦境中吓醒了。

这是一个什么样的梦呢？年龄很小还没有谈恋爱的小女孩同事竟然怀孕生子了，这是怎么一回事呢？暗喻的似乎是，人这么小就怀孕生子，不就是人小鬼大吗？那么怀的孕呢？那就是心怀鬼胎之意。另外，现实中已经生完小孩的同事在梦境中仍然怀着孕，不也是一件奇怪的事情吗？这就更说明了（心）怀（鬼）胎这件事。

在看望的过程中，梦女听说上司们也会来看产妇，这正是一种点题，说明心怀鬼胎的其实不是这个小女孩同事，而是上司们。梦境就是通过这种奇特的联系方式来表达自己真实的意图。

这时梦女听到了几个上司走近的声音，但是，出现的却是已经离开了公司的另外一位大脸前上司。为什么会是这样的呢？这是一种防御机制——因为猜疑现任上司心怀鬼胎是不敬的，而且是危险的，因此，用已经离开了的上司来替代对现任上司的猜测和愤怒，可以让梦女减轻焦虑。

不过梦境最有趣的是，梦境为什么会让一个有着一张肿胀大脸的前任上司出现，而不是其他已经离开的上司来替代现有上司，并且还因此被吓醒呢？这就是潜意识的奥秘所在了。这说明梦女是一个很谨慎的人，对上司们的猜疑已经超过了她的心理承受程度，潜意识处于本能的防御机制，通过一张（前上司的）大脸产生惊吓作用从而终止梦境，以结束内心这种愤怒、可怕的情绪。

此外，大脸的出现也表达了一种被人盯着的感觉，梦女害怕上司们看透自己内心深处的不满和猜疑，这在职场上是十分忌讳的。所以，此处巧妙地安排大脸前上司的出场来使自己从梦境中惊醒，确实令人惊叹潜意识的创造力。

这就是一个内心充满对上司不满的梦境，但是，梦女似乎很懂职场人际规则，并没有因此而发泄自己的情绪，只是让这种情绪在梦境中偷偷展现出来，而且是有所节制的，没有让自己这种危险的情绪继续泛滥。

3. 老公的外遇——人际关系不是一味地委曲求全

看了前面的案例，是否会给人一种错觉，觉得职场人际关系就是委曲求全、明哲保身呢？其实不然，职场人际关系中的技巧都不能脱离一个基本的底线，那就是你的人格和对待人际关系的基本态度，你不能委屈自己，所有的技巧都是在这个底线之上的。因此，当职场人际关系的冲突触及你的基本底线时，你应该摒弃人际关系中的功利观念，用一种淡定而坦然的态度保全自己的底线。不为一时的人际关系挫折所牵制和焦虑，其实你并不会失去什么，反而会赢得长久的友谊。

一位梦女做了一个梦，梦境是这样的：

老公找了一个很年轻的姑娘谈恋爱，我特别难过，一个人站在屋里想怎么办才好，想像以前那样冲他发火，可是又一想，那样他不是更不喜欢我了？所以决定保持镇定，心里有一种很孤独、很悲凉又很自豪觉得自己成熟的复杂感觉。

梦中的感觉挺有意思，稍微有点儿自怜，总体还是挺自豪的。之前做过老公外遇的梦，很气愤，在梦里大吼大闹，这次没有，我觉得自己比以前成熟了。

我觉得这个梦和老公没有什么关系，就是梦演绎出来的一个故事，让我试探自己面对一些事情的反应，看到自己的成长。

原因吧，应该与部门负责人安总有关。安总当天打电话约F老师和另一位心理咨询师下午去喝茶，没有叫我。公司老总刘总前些天住院，安总本来说要带我一起去探望，后来她自己去了，没有叫我。后来我看她微博上写着“我感觉自己又进入了有史以来的孤独”。

她的这句话，对我触动很大。这一年我也成长了很多，也许安总感觉我现在工作上对她也有威胁了吧？她的安全感不是很强，我能理解。

但是我最终决定选择尊重界限，因为这种事，真的是越纠缠越不清。我希望自己做任何事都是出自本心，而不是为了讨好谁。我觉得心安就是守住本心。梦里的感受其实就是我做了这样一个自认为很成熟的决定之后的感受吧？内心充满了难过，但还是决定不情绪化地处理这件事，努力理性地去解决问题，最终为自己的这种决定感到自豪，虽然心里有一点点自怜。

最近很喜欢胡赳赳的一句话：衡量一个人的标准，在于多长的时间以及在怎样的层次上他能够甘于寂寞，而无须他人的理解。能够毕生忍受孤独的人，能够在孤独中确立永恒之意义的人，距离孩童时代以及人类动物性的社会最远。

我们看到，梦女对这个梦的理解是正确的，因为部门主管对自己的疏远导致了梦女做了一个老公有外遇的梦，令人匪夷所思吧，然而这就是事实。梦境喜欢将相似的事情进行类比，通过相似的一件事情来说另一件事情。梦女感受到了这种变化，虽然内心仍然有一种强烈的失落感，但是梦女感到自己成熟了，不会再像过去那样在意这种感受了，决定用一种淡定的心态来看待这个问题，并为自己处理这种人际关系的方式而感到自豪。

4. 人际沟通的障碍——有态度但是不要耍态度

前面提到人际关系交往中要有自己的态度，不要一味地委曲求全，这是不是说，从此以后就要昂首挺胸，我行我素，根本不把同事放在眼里？这肯定是错误的，要记住的是，有态度不等于耍态度，正如应该有傲骨但是不应该有傲气一样。

在人际关系交往中，每个人都会觉得有时和别人难以沟通，即使这样，也要时刻保持谦逊的态度。无论如何，也不应该切断与人交往的渠道，不能用耍态度的方式来关上自己与同事之间交往的大门。这样做的结果，第一是容易封闭自己的内心，变得孤傲；第二是切断了同事之间的联系，要再搭接起来的难度就更大了。

一位梦女做了一个梦，梦境如下：

我坐在大学校园门口，心想，毕业以后我总想回来看看，回来一看竟然还是老样子，没什么看头。正想着，一个女生在门口拿着电话说："他人际交往有问题啦。家有兄弟两个，他和他弟弟整天吵架，所以他现在和人沟通起来完全就是敌对竞争的态度，因为安全感不足，很害怕被忽视。"

醒来后，我觉得梦境中的这个女孩就是我自己。对于她在电话里说的话，我心里经常会冒出来，但是从来没有说过。

我有个朋友，她有个弟弟，从小她就被父母忽视，所以一直安全感不够，也容易嫉妒。其实公司里也有类似的人，这些被父母忽视的女孩子，我很理解她们。可和她们相处起来仍然心有顾虑，害怕如果太亲密，她们会对我高标准严要求。所以界限感真的很重要，保护别人也保护自己。

我想这个梦就是我对她以及公司里类似的人的一种感慨。当然这种感慨还有一个触因，是源于当天看到我的群里面有人用挑衅和质问的态度说话，气氛十分对立、火暴，于是我进去维持了一下秩序。当时我就感慨：人与人怎么这么多的敌视呢？我觉得全是因为内心脆弱，安全感不够。后来还因此写了一篇青春期反叛的博文。

因此，梦境一开始我回到大学校园发现没有什么变化，应该也是源于这一感慨，总觉得人的改变真是很难。有时候即使知道自己的问题在哪里了，但就是改不了，跟这样的人打交道，也是十分的累，但是又不得不打交道。

当然，我也知道同事之间为什么会纠结，小疙瘩是根本解不开的，甚至妄想解开这个疙瘩的行为本身就是造成这个疙瘩的根本，不掺和是最好的选择。我不是不懂人情世故，我是觉得有些人情世故就像智齿，是多余的。

看完梦女的分析，我只能说，她的分析很对，她不仅抓住了梦境的本质，而且还把这其中的心理本质揭示出来了。解梦达到了如此的程度，她从中获得的，又岂止是梦境本身的智慧呢？

透过这个梦境，我们看到，在面对同事之间的人际关系矛盾时，梦女能够保持清醒，置身事外，那么，梦女是否为自己与同事们之间的沟通留了一条路呢？从梦境中似乎看不出来，但是，从梦女对这个梦境的感悟来看，相信凭着她的智慧是能够把握好处理这种关系的“度”的。

5．狼心狗肺——底线是避免冲突

说一千道一万，人际关系中最重要的底线就是避免矛盾升级而产生冲突。冲突产生的危害十分大，一般都难以修复，即使修复，也要花十倍的努力才能够做到。冲突往往都是情绪化下的产物，本来并非你的主观意思，是你在情绪的“恶魔”控制下的行为，最后却要你自己为此埋单，付出代价，这是最得不偿失的事情。冲突还将导致职场其他机会的丧失，并会带来不利的人际关系评价。

一位职场梦女妖妖做了一个梦，她在 QQ 上给我留言：

我前几天做了一个比较激烈的梦，梦见全家在湖南老家时，突然有一头野狼跑到家里来了，想要咬我们。我和妈妈合力把狼一棒子打出去了老远，狼躺在地上淌着血，奄奄一息。然后邻居奶奶来到我家里，说狼是她家养的，怪我们下手太重。接着奄奄一息的狼突然又跑到我家卧室，这个时候妈妈躺在床上休息，狼跳上床好像把妈妈咬了一口。我着急了，一把拽下被子，狼咬着被子不放，还想要攻击我，我抓着被子使劲地甩圆圈。因为梦里太着急、太惊恐、太激动，然后就惊醒了，一看手机才早上 5 点钟。我在网上搜了下《周公解梦》，说女性梦见被狼咬说明身体会有疾病，请梦侦探帮我解答下疑惑。那晚睡觉前在网上看到了一个成语“狼心狗肺”。

看了她的留言，我既不认为她是因为睡觉前在网上看到了“狼心狗肺”的成语才做这个梦，也不认为她的身体会有什么疾病，我知道答案在哪里。

为了帮助她认识到这一点，我在 QQ 上与她取得了联系，下面就是我们的解梦过程。

梦侦探

在吗？讲讲你的梦，跟你的身体没有关系，跟你当天的经历有关。

妖妖

那就好，洗耳恭听。

梦侦探

不是我说你听，而是你自己用心想想，当天一定有什么令你不愉快的事情发生，让你有种“狼心狗肺”的感觉。

妖妖

也许吧，想不起来了，每天在公司发生的事情太多太复杂，下次我要记录详细点儿，省得忘了。好像是上周四晚上梦见的，但真的记不起来当天发生了什么不愉快的事情。

梦侦探

我觉得不是这样，是你潜意识不愿意讲。不用担心，告诉我，肯定是工作上的小九九。

妖妖

真的没有撒谎啊。我都是有话直说的，对你更不会顾虑啦。现在的工作每天都比较零散杂乱还不重复，真的很难想起来。

梦侦探

应该是跟工作有关系，其实你是有点儿“好心当成驴肝肺”的感觉，一定是自己一片好心被人误解了。

妖妖

是吗？那让我再想想……

妖妖

梦侦探，我翻邮箱刚看了那天的工作邮件，让我想起一件事情来，你果然是高手！

事情是这样的，我现在在保险公司做内勤。那天要统计部门外勤人员跟银行对接的一些资料，其实都是为了外勤在做事，在帮他们统计，避免浪费他们的费用。我先发了信息给部门所有业务员，要求 20 分钟内回复，20 分钟后没人答复。然后我就打电话给某个男同事，结果那人态度急躁恶劣，说话尖酸刻薄，把我气坏了。真的如你所说的，好心当成驴肝肺啊！

梦侦探

你是不是也骂了他呢？

妖妖

嗯，我也用不好的态度跟他对话，然后挂了。刚好我的领导在旁边，我就在领导面前骂了那位同事一通。

梦侦探

但是你后来可能有点儿后悔，觉得是不是做得过了点儿呢？

妖妖

嗯，有点儿，觉得自己心胸狭窄，想起以前那位同事也帮过我的，我不应该在领导面前说他不好。

梦侦探

这就是你这个梦要表达的主题，现在明白了吗？

妖妖

唉，原来如此，原来如此，豁然开朗啊！

经过我的启发，梦女终于找到了梦境中出现了饿狼的原因——职场中人际关系的冲突。其实，人际关系冲突是职场中最常见的现象，几乎无时无刻不存在。

遇到这样的问题怎么办？最重要的就是要冷处理。这不仅是你职场修养中的重要部分，而且还是职场同人以及职场上司观察你成熟度的重要参照依据。从职场修养来说，面对冲突时应该能够设身处地地站在对方立场和观点上来看待问题，找出双方的分歧点在哪里，然后就关键分歧点进行探讨，最后找到双方都能接受的解决方案。千万不能一味情绪用事，或者一味指责对方，总认为自己是对的，自己是为了公司利益，而对方是错的，对方是私利，这样容易将冲突升级，最终导致事情不可收拾。

从职场上司的角度来看，一个人处理冲突的成熟度其实就是其职场成熟度，一个人的沟通能力、承担能力、考虑问题时的多角度和多维度，都是是否能在职场中承担更大责任的参考标准。因此，面对冲突时你的冷静、包容、同理之心，其实都可以为职场生涯加分。而愤怒、抱怨和喋喋不休、不依不饶都将令你的职场同事和上司看低你——这将令你走入职场死胡同。

从这个案例来看，梦女当时控制不住自己的情绪，当着领导的面骂了那位同事，这犯了职场大忌。虽然梦女后来能够认识到自己有点儿过于情绪化了，对自己的行为进行了反省，但是后果已经难以挽回，还不知道为此埋下了什么祸根。

因此，在职场中遇到冲突时切记要“热问题，冷处理”，不要一时冲动，要控制住自己的情绪。如果控制不了，那么，暂时回避也比急于解决问题要强。

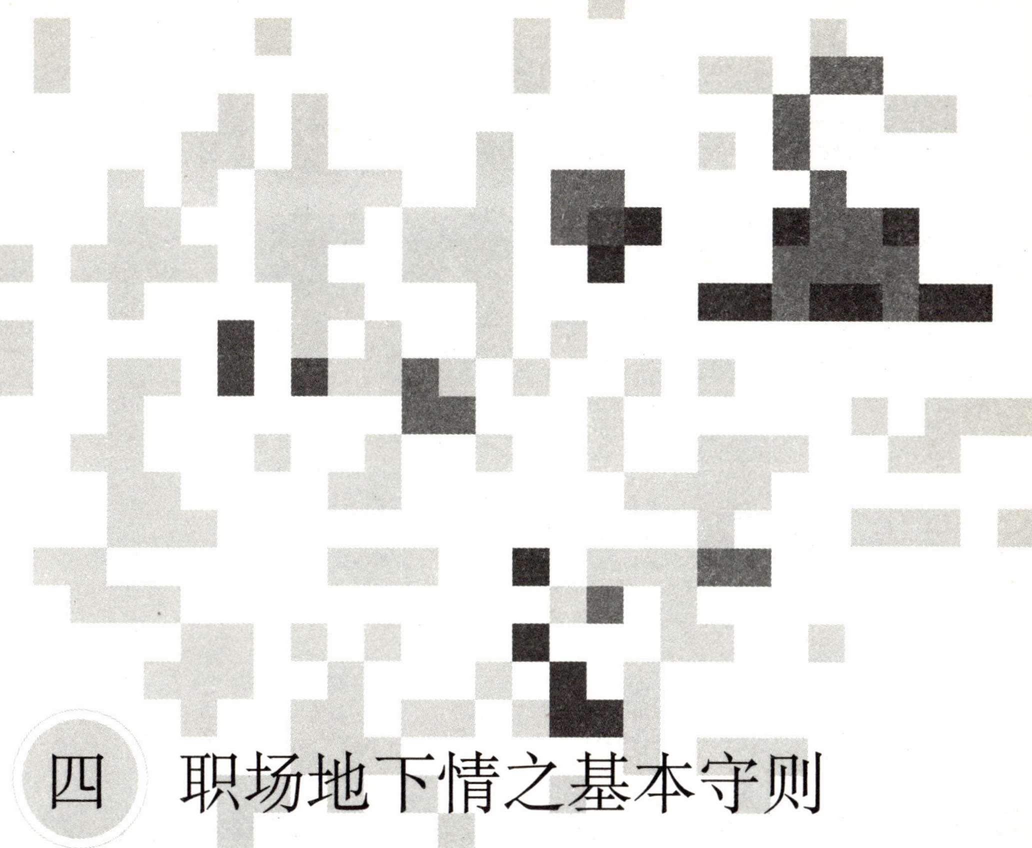

四　职场地下情之基本守则

——你情我愿，各取所需

职场地下情不同于职场性骚扰，它是你情我愿的结果，而不是单方面的行为。因此，职场地下情可以称为一种“契约”——双方都清楚自己在做什么，都应该为自己的行为承担责任，都应该知道底线在哪里——一是局限在“职场”之内，二是属于“地下”范畴。

那么，这种职场地下情是不是可以突破“职场”的界限，从“地下”变为“地上”呢？这其实要看双方的缘分和造化。但有一点是必须清楚的，任何单方面的发难和要挟都可能会演变为一种人品和人格问题。是的，你可能有痛苦，有焦虑，有不满，有更大的欲望，然而，这一切，都应该只藏在你的内心。你一旦涉足，就应该知道结果，况且，你也不应该忘记因此而带来的愉悦和对空虚的填补。在这个“你情我愿，各取所需”的范畴内，千万不要扯上道德。

1．鬼影——最初的彷徨

走出职场地下情的第一步其实是挺困难的，这不仅要考虑情感因素，还要考虑职场上的各种问题。而且，地下情地下情，一定是有难言之隐的，发展一段地下情比发展一段正常的感情复杂多了。

但是，可能越是这样，越是对某些人有着致命的诱惑，这是其一；其二，有些地下情可能还是逼出来的，并不是我们认为的那样——出于情感的诱惑或者职场利益。这种逼出来的职场地下情可能源于想摆脱一段已经失去了激情的感情的需要，因为有时候如果没有外力的帮助，我们很难对现状作出改变。

这是一位漂亮的80后梦女最近做的梦，梦境如下：

我和朋友们旅游到了一户农妇家，家中的摆设没有让人觉得陌生。农妇是个漂亮的少妇，白里透红的皮肤，苗条的身段。

住了几天了解到，农妇的丈夫失踪了，问她，她也只是说失踪几年了，一直没有音信。我们之间互相怀疑着农妇的丈夫怎么就失踪了呢（在梦中，我不知道一同住在农妇家的同伴都是谁），模糊记得一个和我比较亲密的男性朋友告诉我，没准儿丈夫根本没有失踪，而是被谋害了！其实我自己心里也有过这样的想法，一闪而过。

晚上，我口渴，于是去厨房喝水，我看到厨房的柱子比一般的地方的柱子都要大，黑糊糊的，外表还用一层不知名的东西包裹着，凹凸不平。厨房的灯光很暗，看上去十分诡异。我心里很害怕，心想莫不是这家主人的丈夫真被谋害了，藏在柱子里面……想到这里就十分恐惧，赶忙装得很冷静地走出厨房。

后来，渐渐才知道，其实这个农妇一直都有一个相好的。我们住在农妇家的这段日子，这个相好的男人经常帮助这个农妇，两人很相爱，也很般配。农妇的丈夫是一个很凶残而又不讨人喜欢的人，但是很爱很爱这个农妇。

直到有一天，农妇的丈夫突然之间回来了。那是怎样的一个人啊！枯瘦的身躯，我从厨房走出来，只看见一个瘦长瘦长的黑影，一米九几的身高，诡异——让人心里害怕！突然之间心中对这个农妇所谓的丈夫一切的劣根性全部在大脑中浮现出来——凶残，杀人犯甚至都有可能！

正在这时候，我母亲突然也从厨房出来。我母亲只看了一眼这个男人，便不停地唠叨着他，没有给一点好脸色……我看到这个男人看了我母亲一眼，说了一句：为什么这个家都不喜欢我！我假装正常地追上我母亲，走到一个转角，把我母亲拦住，对她说：你干吗？我知道你不喜欢这个男人，我们都不喜欢，但是你没有必要表现得这么明显，这样对你一点儿好处也没有。你总是这样子，把所有的喜怒表现在脸上！你这不是得罪人吗？我在对我母亲说这番话的时候，其实心里是在保护我的母亲，我害怕这个男人因为我母亲刚才对他不满的情绪而想伤害我母亲，同时也有一点点想让我母亲改改自己这种习惯的心理。

然后我们又继续住在农妇家中，只是家里面多了他老公。他们之间没有一点儿夫妻间的恩爱行为。他老公仍然很爱她，也一直知道她不爱他，还有一个相好的。

在一个山洞中，里面有很多乱石，农妇的丈夫一定要和农妇亲热，农妇誓死不从，但是她根本敌不过他。只看到他一下子就把农妇抱在怀中，紧紧地贴着自己。地上有很多乱石，他躺在地上，农妇被他紧紧地抱在怀中，我看到那个男人的右手顺着农妇的腰，慢慢地出现在我的视野中，那是怎样的一只手啊……简直是魔鬼，又细又长的黑色爪子……农妇一直在拼命地反抗。就在他们躺着的那个地方旁边，有一个很大很大的坑，全是尖利的乱石，农妇誓死反抗，只看见她整个身躯“嘭”的一声撞向了那个坑里面的一块大石头，刹那间头破血流，身亡……那个诡异的男人痛不欲生……

我像个隐身人一样看着这一切，心中想，或许这是最好的结局！

这是一个什么样的梦境呢？如果不能很好地了解梦女最近发生的事情，是很难解这个梦的。于是在我与梦女咨询互动的过程当中，我了解到以下情况。

梦女原来有一个男朋友，交往了一段时间，但是，随着交往的加深，梦女发现了男友身上很多自己无法容忍的缺点，因此，对男友感觉越来越不满意，甚至在内心已经下定了不可能与男友有结局的决心。

同时，公司里的上司，默默地关注和喜欢着梦女。梦女其实也很喜欢这个上司，但是，由于自己已经有了男朋友，所以，梦女没有往深的方面去想，只是默默地感受着这种被喜欢的感觉。最近，由于对男朋友的不满情绪越来越强烈，而身旁的这个上司对自己的攻势也越来越强，梦女有点儿犹豫了。一面是自己越来越不能接受的男友，另一面是自己很喜欢的上司，该如何是好？

在这种情况下，梦女尝试着向上司打开了防线，开始与他接触，希望看一看彼此之间的缘分能走到哪一步。结果却是一发不可收拾——梦女真的爱上了上司。

梦女是一个做事果断的人，在这种情况下，梦女决定与原来的男朋友分手。

男朋友及梦女周围所有的朋友对梦女作出的这个决定都觉得很意外，男朋友不能接受，梦女身边的朋友也觉得太唐突。但梦女与上司的关系已经建立，虽然内心深处对自己作出如此绝情的决定感到不妥，但梦女是一个原则性很强的人，她不愿意在两个男人之间摇摆。她觉得自己既然心中已经有了决定，就应该果断执行，如果拖泥带水，对原来的男朋友也是不公平的。所以在确定与上司发展关系后，梦女果断地通知了原来的男朋友解除恋爱关系。

男友当然不愿意，但梦女去意已决，任凭他如何哀求，梦女也不为所动。

在了解了这段背景之后，我们就可以来分析这个梦境了。

【第一段梦境】

这一段实际上是梦女的自我投射："家中的摆设没有让人觉得陌生"，说明这不是别人家，而是自己家，因此，农妇就是自己。而梦境中的农妇，"是个漂亮的少妇，白里透红的皮肤，苗条的身段"，这也是梦女的自我投射，因为梦女本身就是一个漂亮的女孩。

【第二段梦境】

这一段表面上是讲我们对农妇丈夫失踪的怀疑，实际上是外界对梦女与前男友分手这件事情的猜测和怀疑在梦境中的投射。梦女觉得这件事情似乎也做得不太妥，因为对于前男友而言，这件事情太突然，他没有任何心理准备，因此，会有一种被"谋害"的感觉。在梦境中的梦女也认同农妇的丈夫被谋害的感觉，说明在梦女内心深处有一种对不住前男友的歉意。因此，为了逃避自我的道德谴责，便将这种"谋害"的罪名加到了与己无关的农妇身上，这样，梦境才能继续往下演绎。

【第三段梦境】

这一段讲厨房里诡异的柱子，其实还是梦女对前男友造成伤害的不安情绪，因此在梦境中就会出现恐怖片中常有的场景来烘托这种气氛。但梦女还是能够控制自己的情绪，让自己冷静下来。

【第四段梦境】

这一段就是典型的为爱辩护。前面的梦境表达了梦女在与前男友分手这件事情上的不安和愧疚，但是，梦女作出这样的决定，一定有支撑她的理由，那就是和上司两情相悦，也很般配，而前男友是一个有很多自己无法忍受的缺点的男人。因此，在梦境中潜意识就把前男友丑化，把他描述成一个“很凶残而又不讨人喜欢的人”，这样，梦女就能对自己的决定心安理得了。当然，即使我们的梦女作出这样的决定，她的心里也还是能够感觉到前男友仍然爱着她，所以在梦境中也能反映出来。

【第五段梦境】

通过对农妇丈夫的描述进一步丑化前男友的形象，以减轻自己的道德焦虑，为自己作出这样的决定提供合理的支持。

【第六段梦境】

这一段反映的是梦女的矛盾心理。一方面，梦女的潜意识必须妖魔化前男友，才能为自己作出分手决定提供支持；另一方面，梦女在内心深处又有一些歉意，觉得有点儿对不住他，因此不想伤害他太深。所以在梦境中，梦女借助于母亲的态度来为自己辩护，但是，又觉得不能对前男友太苛刻，于是又用自己对母亲的态度来说服自己不要对前男友伤害太深，在分手这件事情上应该注意方式，不要太直接。也许在现实生活中，梦女直接坚决的分手决定已经对前男友造成了很大的伤害，因此，梦女在梦境中作出补偿，对母亲所说的话其实是对自己所说的话：不要伤害对方太深，自己直来直去的脾气也要改一改。

【第七段梦境】

这一段应该讲的是梦女作出分手决定之后，前男友不同意，继续与梦女纠缠，表达他爱着梦女并愿意与她继续在一起的心愿。

【第八段梦境】

这是对整个事件的总结。这一段表明了梦女对分手这件事情绝然的态度。也许前男友继续纠缠着梦女，但是梦女不喜欢这种脚踩两条船的关系，也失去了继续与前男友有任何肉体接触的意愿和冲动。因此在梦境中再次妖魔化前男友，并在他面前表现得坚贞不屈。在梦境的最后，甚至表现出“宁为玉碎，不为瓦全”的气概。

【最后一段梦境】

短短一句话表明了梦女在面对前男友不愿放手时的无奈心态。梦女想对前男友表明这样的态度：即使我不跟职场上司好了，我也不愿意跟你继续保持这种关系，我对你已经死心了——哀莫过于心死。

这就是整个梦境，我觉得在表达梦女情感困惑这一主题时是很连贯的，而且紧紧围绕着主题，一环扣一环。这个梦就是梦女在面对两段感情时的心路历程，她的痛苦、挣扎，申辩。梦女通过这个梦境，为自己的行为寻找心理支持，并借此表达了自己内心的真实愿望。

2．庆祝胜利——拿下的兴奋

玩职场地下情肯定会彷徨，因为要权衡各方面的因素。但是，这种彷徨难以抵御职场地下情这件事情本身的诱惑，因为一旦“拿下”，不仅有强烈的成就感，而且还有实质性的情感快乐——一段情展开，带给人多少快乐甜蜜。

况且职场地下情有时候并不是那么顺利可以“拿下”的，特别是你遇到的是一个万人迷的上司。在这种情况下，不仅你有想法，你身边所有的姐妹可能都会有这种情愫，因此，这又为职场地下情增添了一丝竞争所带来的刺激感。而如果你最终脱颖而出，终于把上司拿下了，从竞争的角度来看，就是一种胜利，所以应该庆祝胜利。

怎么庆祝？大张旗鼓，还是埋在心底？

在2008年奥运会期间，有一位梦女做了一个梦，梦境是这样的：

我们仿佛取得了什么仪式的重大胜利，大家都在欢呼（我印象中好像是奥运会）。我手举着国旗，载歌载舞。大家排着整齐的队伍，在表演着节目庆祝这场胜利。

我和我的好朋友随着人流，走到了场外，那里很多人在欢呼。我们的衣服很碍事，于是我的死党决定脱掉内衣。我心里一惊，赶忙替我的死党打掩护，要她动作迅速一点儿，赶紧把内衣脱掉。在此时我看到了旁边的三个女孩子，也有一个在脱内衣，旁边两个女孩子在打掩护。我看到那个女孩子已经暴露了一部分，我心里惊呼：走光了！哇，也太大胆了！

这时候，我惊奇地看到其中一个给她打掩护的人居然是我以前的死党（和这个死党有很多渊源，一路经历过很多事，时间长了，就成为了死党。我们两个长得有点儿像，外人经常把我们两个混为两姐妹。她身材娇小，五官精致）。我看着她，心里一惊，但是并没有马上打招呼，她也看了我一眼。我们两个都没有说什么，就简单地问候了一句。

画面切换，突然之间，很多日本人趁我们不备想要来偷袭我们。大家仿佛都知道了这个消息，紧急撤离。我和我的朋友们也迅速撤离，走进了一个大森林。我感觉很多日本人从四面八方包围着我们，慢慢地缩小他们的包围圈。这时候发现后面有一辆车在追踪我们，我们赶紧往前跑，但是我们往什么地方跑，车也往什么地方追。我突然决定扭转方向，往车的方向跑去，不知道怎么的，车被我引到一个地方就爆炸了（我仿佛知道这个车伤害不了我）。

然后我和我的朋友们继续向前跑。远远地，我们看到很多很多身穿迷彩服的士兵，手拿机枪，我心里有点儿担心他们是日本人，但是又觉得不管怎么样都要试着冲出重围。等靠近时，我发现原来他们都是我们中国人。心里一阵窃喜，有一种局中设局的感觉，不管日本人再怎么野心勃勃，我们中国人早就有准备了，早就在暗中埋伏起来了。

我们赶紧朝他们跑去，只见其中一人牵着一只大狼狗，我心里有点儿小害怕，但还是很高兴地跑向他们。我们的人最终把那群日本人全都消灭掉了！

这就是整个梦境。

我们来看这个梦。在没有任何背景资料之前，我们似乎很难对这个梦进行分析。其实也不然，我们可以通过梦境的一些情节来探讨梦境的主题或者了解做梦者的一些情绪和欲望。

我们可以看出来，整个梦境表达的是一种比较强烈的情感，有欢愉、有释放，还有战斗，整个一部爱恨情仇的电影短片。我们试着来分析。

【梦境的第一段】

这一段梦境一定是源于正在举行的奥运会，但梦境所要表达的内涵跟奥运会没有关系。在梦境中，我们的梦女情绪高昂，十分开心，在庆祝一场胜利。这说明我们的梦女最近在某件事情上比较顺利，获得了成功。那么，是什么事情呢？不得而知。不过，根据弗洛伊德的释梦理论，像这种大家排着整齐的队伍的梦境，一般而言，是与性有关的。那么，是否预示着这是一件与性有关或者说与爱有关的一场胜利？

【第二段梦境】

这一段表达的是释放的主题，一种快乐的释放。脱掉内衣，具有一种身心释放的象征意义。而且还暴露了一部分，这当然含有性的成分，说明这种释放应该与性有关。但是，这种释放是比较隐蔽的，因为要“打掩护”。而且这种释放似乎不光我们的梦女有，别人也有。

后面，“我看到那个女孩子已经暴露了一部分，我心里惊呼：走光了！哇，也太大胆了！”这声惊呼，应该是梦女自己送给自己的。从这里我们可以看到一点，梦女的这种释放，应该是跟性有关，而且，不是一般意义上的性释放的概念，应该是含有禁忌成分在内的或者是不能明目张胆的一种释放。梦女对这种释放，应该是又惊又喜，既沉浸在喜悦之中，又有一丝丝的不安或者说顾忌，这是一种需要掩饰的行为。到底是一种什么样的行为呢？我们继续往下看。

【梦境的第三段】

这一段是一种典型的认同心理。梦女看到以前的死党，也在打着掩护。从梦女的描述中我们可以知道，两人很像，经常被混为两姐妹，而且都很漂亮（身材娇小，五官精致）。但问题是，为什么在梦境中，梦女看到自己的死党也在做着同样的事情时会心里一惊呢？这是一种什么样的惊奇呢？大家竟然不约而同地在做着相同的事情。是一种心照不宣？或者说是一种默契？

【梦境的第四段】

梦境在这里进行了转换，从欢愉庆祝的场面转换到战斗的场面，说明进入矛盾冲突期。是什么样的矛盾冲突呢？我们看到，敌人来了，想要来偷袭，从四面八方来包围，并且不断地缩小他们的包围圈。这是一种紧迫感。敌人意味着什么？意味着跟自己对立的人，可以是公司的同事、小人或者情敌。如果根据上面已经分析过的梦境来看，或者根据弗洛伊德的释梦理论来看，这个敌人，是情敌的可能性很大（偷袭、森林、战斗、车辆以及后面要提到的机枪等，都是性的符号和象征）。

如果这个分析是对的，那么我们可以看到，梦女似乎是在一场性与爱的竞争中获得了胜利，也就是说，梦女可能赢得了一个人的心，获得了一种新的恋爱关系。而且，这件事情已经得到确认，因为已经在庆祝胜利了。但是，为什么是一种释放呢？而且是一种隐秘的释放呢？说明这种关系的获得来之不易，是经历了艰辛险阻的，或者说，是经历了激烈斗争的。同时，这种关系还不是一种可以光明正大的关系，而且，我们看到，梦女的同龄人或者说好朋友也在做着同样的事情，大家心照不宣，都在享受着这种隐秘的、释放的快感。这是一种什么样的关系呢？

我们再来深入地看这一段梦境。敌人很多，形成包围之势。说明梦女的情敌不少，或者嫉妒者不少。也可以这样来理解，可能并没有什么情敌或者嫉妒者，也有可能是我们的梦女的假想敌，总之表达了梦女在整个事件过程中激烈复杂的矛盾心理。后面发现一辆车在追踪，似乎穷追不舍。但是，她突然掉头朝车的方向跑去。这一段挺有意思的。梦女为什么敢扭转方向去和车相撞？因为她仿佛知道这个车伤害不了她。也就是说，可能有一件事情在烦着我们的梦女，而且很难缠。但是，梦女对这件事情还是挺有把握的，觉得不会对自己造成特别大的伤害，自己似乎有能力来处理好这件事情。这可以是一件事情，也可以是一个人，没准儿是情敌。如果说是情敌，那么，是谁的情敌？梦女的情敌还是梦女新关系的情敌？这里面似乎有更多的隐情。

如果是梦女的情敌，我觉得梦女不应该有那么大的把握，因为是自己的情敌的话，感觉到的应该是一种置之死地而后快的感觉，不会有一种不会被伤害的感觉。因此，通过对车的描述，我们可以感觉到梦女在处理这件事情时其实还有很多历史遗留问题，还有一些难缠的事情没有解决好，虽然梦女对解决这件事情充满自信。也许，梦女在展开这一段新的关系之前还有爱着自己的人，所谓的前男友？如果是这样的话，那么，这就变成了一段复杂的关系——前男友、现男友，还有现在的情敌或者说情敌们。而且，梦女与现男友之间的关系似乎还有一层神秘的因素在里面。难怪这个梦是如此激烈的一场战争。

【第五段梦境】

这一段的关键词是“迷彩服”“冲出重围”“窃喜”“局中设局”等。迷彩服意味着一种掩饰，再次让我们看到在这段关系中的微妙性和隐秘性。冲出重围，我觉得表明了梦女的某种决心，可能在这段错综复杂的关系中，梦女面临了很多的挑战和困难，但是，她决定不退缩，坚定地冲出重围去获得胜利。

有趣的是，当梦女冲出重围之后，却发现其实形势跟自己想的并不一样（原来是自己人），于是心中一阵窃喜，有一种局中设局的感觉。那么这一段表示什么呢？我觉得表达了梦女对形势的错误判断，可能她的一些设想，包括对情敌的假想，有可能都是错误的，让她突然有一种豁然开朗的感觉。原来外表看起来如此错综复杂的关系其实是很简单的，并不是自己想象的那样，原来都是自己人，并不是自己的对立面或者小人，更不是情敌。

【梦境最后一段】

这一段基本上是一个大团圆的结局，表达了这场战争中梦女的胜利。虽然还怀着一点儿忐忑不安的心理，但是，事情已经了结，敌人被全部消灭掉了。

这就是对整个梦境的分析。

大家可以看到，这个梦分析得比较晦涩，有很多不太确定的因素。其实，梦的分析本来就不能做到十分精确，因为同样的梦境针对不同的人在不同的情境下会有不同的寓意，我们只能根据做梦者在特定的情境下的情绪和欲望来解读。那这是不是意味着我们就无法知道梦的真相了呢？其实也不然，因为我们还是可以遵循一些基本的原则来解读梦境的。

比如这个梦，虽然我们缺乏详细的背景资料，但还是可以知道，这个梦大体表达的是做梦者什么样的情绪和欲望。在解这个梦的过程当中，梦女不愿意提供太多的资讯，因为有些可能涉及特别隐私的事情，因此我们也没有必要为了解一个梦去挖掘当事人不愿意透露的信息。但是，我还是很欣喜地看到，梦女对最后的解梦结果是基本认同的。

3．暗结珠胎——情变的苦楚

同所有的情感关系一样，有情爱就会有情变，职场地下情也不例外。当地下情出现情变时更是有苦难言，因为双方并不是正式的情侣关系，也就不存在所谓的第三者插足这样的定义。因此，当一方出现情变时，另一方应该怎么办？是采取行动，还是默默承受？

我已经老了。有一天，在一处公共场所的大厅里，一个男人向我走来，他主动介绍自己。他对我说，我认识你，我永远记得你。那时候，你还很年轻，人人都说你很美。现在，我是特地来告诉你，对我来说，我觉得现在的你比你年轻的时候更美。那时你是年轻女人，与你那时的面貌相比，我更爱你现在备受摧残的面容。

杜拉斯《情人》中的这一段是我极少数可以背下来的小说片段，因为就这短短的一段文字，一种凄美的沧桑感迎面扑来。我最近收到了一位梦女梦境的邮件，邮件一开头所展示的意境，就如同杜拉斯的《情人》的文字一样，给人一种凄美的沧桑感，留给人无限惆怅……

梦境中，我一位同学挺着七个月的大肚子站在火车站的站台上，似乎她被爱人抛弃，那人只是给了她一笔钱就把她给打发了。一列火车从她身边呼啸而过，卷起漫天落叶，一片萧瑟。我看着她，无限感慨涌上心头，一股说不出来的味道……

画面又转到另外一个镜头。我现在的一位年轻女同事也怀孕了，但只有两个月，还看不出来，她的未婚夫也是公司的同事。但有一天，我突然收到我男友的短信，说其实她肚子里的小孩是他的！他告诉我无论如何都不能让别人知道这件事。我当时心中没觉得震撼，似乎是很正常的事，于是自觉担负起保护这位女同事的职责。她到哪里我就跟到哪里，甚至上洗手间都跟去，查看有没有人，以防她怀孕的事被泄露。

公司里的一个老妈子似乎在窥探这件事，我们竭力躲着她，但最终还是被她发现了，因为她经验丰富，一眼就看出来了。然后我就把这位女同事托付给这个老妈子，让她千万不要泄露这个秘密。画面又转到另一个镜头，老妈子抱着这位女同事在我家乡屋后的一个竹林山上走（这座竹林山是当时我家躲避计划生育时的一个地方），碰到这位女同事的表哥，不知怎么回事，老妈子竟然泄密了，把这件事告诉了他。

于是我又把这位女同事转移到我家的一个厢房，这是我们小时候经常捉迷藏的地方。后来我还是不放心，又把她托付给了另外一个老妈子，但这个老妈子，竟然是我家的死对头……

梦到这里就记不清楚了。这就是全部的梦境。

这是一位未婚的80后职场女性所做的梦，她很奇怪自己为什么会做这样一个梦，一切似乎毫无道理。梦境一开始出现的那个同学是梦女从中学一直到大学的同学，与梦女之间恩恩怨怨、分分离离，但关系一直保持着。

我在前面说过，这个梦境与杜拉斯《情人》的开头似乎有异曲同工之妙。透过这个画面，我们可以去感受梦女内心的感触——怀孕不重要，呼啸的火车不重要，漫天的落叶也不重要，重要的是这些要素所构成的画面和所营造出来的氛围及所传递出来的感觉，它们决定了整个梦境的基调——沧桑、感慨与惆怅。

是什么事情导致了这种情境呢？与怀孕有关吗？

我们首先来看，梦境的一开始是梦女一位同学怀孕了，挺着个大肚子，还被抛弃了。这段梦境有两个主题，一是怀孕了，二是被抛弃了。这两个主题似乎表达了某种恩怨。我们再来看，这个同学跟梦女的关系是“恩恩怨怨、分分离离，但关系一直保持着”。

这到底是怎么一回事呢?

接下来的梦境同样表达怀孕的主题，一位现在的同事怀孕了，而且她的未婚夫也是现在公司的同事。表明了这似乎不是一件简单的怀孕事件，而是与公司内部关系纠缠在一起的一件事情。而且，这时候梦女还收到了男友的短信，说女同事肚中的小孩是他的。这就更令这个梦扑朔迷离——自己公司的年轻女同事，竟然怀的是梦女男朋友的种，这简直太离谱了吧。

但是梦境并未到此结束，而是引向更深处——男朋友告诉梦女，要保守这个秘密。而梦女竟然觉得这是一件很正常的事情，并自觉承担起了保护这位女同事的职责。这到底是怎么一回事呢?

然后，梦境中出现了小时候父母躲避计划生育时的竹林，还有捉迷藏的小厢房。这说明“秘密”这一概念勾起了梦女最原始的印象。捉迷藏当然是我们小时候对秘密的最初印象。而躲避计划生育，我想应该已经成为了80后非独生子女家庭的集体无意识——作为一种时代的印记，已经深深地刻入了80后非独生子女家庭中除了最小的一个以外的全体家庭成员的潜意识中，形成一种无意识的集体焦虑。

我想说的是，这种梦境情节是一种潜意识的正常唤起状态。也就是说，如果还有其他人做关于揭秘与守密的矛盾冲突的梦，也会有可能梦到捉迷藏。而如果你是80后的非独生子女家庭中的老大，你还会梦到躲避计划生育时的场景或者与此相关的事情和人物。因此，这些情节的梦境是没有太多现实意义的。

言归正传，我们说回梦境。

梦境中出现多次的老妈子可能是我们需要注意的有现实象征意义的信息——我们知道，老妈子一般代表经验丰富、世俗圆滑、左右逢源这样的角色。在梦境中的两个老妈子都是梦女不喜欢的角色，更让我们对老妈子的形象产生负面联想，类似于旧时代的媒婆或者甚至是老鸨，总之是世故、圆滑、社会阅历极端丰富的一类角色。

在梦境中，梦女似乎处于一种矛盾状态中，一方面，想躲避老妈子，不让她们知道秘密；另一方面，又有意或者无意地让老妈子知道了秘密，而且还主动将孕妇托付给她们，似乎梦女对自己的能力没有足够的自信并持怀疑态度。

这就是这个梦境所传递出来的信息。

最后我们要揭秘的是，梦女在梦境中害怕被发现的秘密到底是什么？是怀孕这件事情吗？还是与此相关的一类事情？为了揭开这一谜团，让我们来看看梦女给我们提供的一些信息吧。

原来，男友是梦女的上司，梦女与男友还处于办公室地下恋情的阶段。当天晚上，梦女跟男友发生了较大的争执。

事情是这样的，梦女给男友讲部门内同事之间的矛盾，特别是对某一位女同事的不满，而这位女同事是男友一直比较看好的一位。男友曾经告诉过梦女，要她处理好跟这位女同事之间的关系，心胸要放宽一点儿，不要去跟她计较，否则别人会觉得他偏心，让部门的工作难以管理。

当晚梦女在谈到这些事情时，觉得很委屈，自己已经做得够好的了，就差低声下气了，仍然不讨好，很多事情已经是忍无可忍了。本来梦女说这些是希望获得男友的理解和安慰，但是，男友却劈头盖脸一顿指责和批评，认为这种事情责任都在梦女，完全是她的嫉妒心所致，并且还指出了梦女很多的缺点。梦女受不了了，非常气恼。

梦女觉得本来在讲这些事情时就有所顾虑，担心男友说自己小心眼，所以不想说，憋在心里算了，但又担心像男友社会阅历这么丰富、老谋深算的人一眼就能看出自己想要隐藏的东西。梦女最怕被人看出自己内心的想法，所以有时候觉得还不如主动说出来，总比被人看出来的那种尴尬好。因此，在不知不觉中又说出来了，果然印证了自己的担忧。

梦女觉得男友特别不理解自己，因为他只是看表面的现象，很多事情他并没有亲历其中，不知道其中的细节就横加指责。梦女受不了，当时就想：哼，以后有什么事我再也不跟你说了，说了也白说。我的事也不用你管，没有你我也会活得很好。梦女甚至产生了要离开男友的冲动。这一点可能很多人都不懂，但这正是80后的特点，他们不愿意受委屈，为了保护自我，他们会做出很冲动的事情来，而不会权衡利弊之后再作决定，即使最后需要自己承受苦果，也不会回头。这一方面说明了年轻人的不成熟和冲动，另一方面也说明了他们情感的真实，忠实于自己的内心感受。

虽然男友有能力，社会阅历也比自己丰富，但梦女觉得男友的这种过于世俗化的处理事情的方式不是自己所能接受的。梦女觉得，人要忠实于自己的内心感受，是怎么就是怎么，为什么要压抑自己去做一些假惺惺的表面文章来维持一种虚伪的关系呢？其实这是年轻人常有的想法，是一种基于个体而非社会出发的角度和立场，所以对很多事情不理解甚至不屑一顾。但随着他们的成长，知道社会不是以个体为中心而运转的，社会分工和协作需要相互的认可、尊重和配合，特别是认识到个体力量的渺小时，就能平衡个体与他人之间的需求，理性地处理一些事情，从而逐渐走向成熟。

这里，我们不对梦女的思想和行为去作评判，因为这是这个年龄段人内心世界的真实反映，虽然从成年人的角度来看是幼稚的。梦女当时就是这样想的，一股怨气憋得自己很慌，当离开男友的想法涌上心头时，一股悲凉惆怅的感觉就出现了——自己深爱着男友，怎么舍得？

联想到自己的一些姐妹们，她们的感情生活哪有自己的好，甚至很多情感关系是建立在物质基础上的。梦女从来没有在经济上有依靠男友的想法，她觉得两人是一种纯粹的情感关系，虽然在对待部门内的女同事这件事情上，梦女总觉得男友的态度过于暧昧。

现在男友对自己不理解，所以梦女觉得特别委屈，有一种被男友离弃的感觉，从而产生出强烈的离开冲动。当天晚上，梦女就是在这种矛盾冲突中度过的。

通过梦女提供的信息，我们可以基本把这个梦揭示出来了。

梦境的开头，满目沧桑，无限惆怅，是梦女与男友发生矛盾得不到男友理解时的自怜感，犹如怀孕的人被离弃一样，十分凄凉。这里表达的是一种女性常有的多愁善感和林黛玉般的悲剧情结，这也是恋爱中的女人常有的情结，一遇到挫折或者男友的忽视和冷遇，就会产生这种自怜感。

梦境中用了跟梦女恩恩怨怨、分分离离的同学来承担这个角色，也是一种深层潜意识的释放，表达的正是这种恩恩怨怨、分分离离的主题。

当然，怀孕的出现并不意味着在这个关键时刻梦女怀孕了，只是代表着梦女与男友的爱情孕育，是一种情感关系主题，表达梦女“我已经是你的人了，请不要抛弃我”这样的一种情感诉求。怀孕七个月了，表达的是梦女与男友感情关系的长久。

接下来梦境转到另外一个镜头。怎么又有一个女同事怀孕了呢？如果说第一个怀孕的女同学是梦女的自我形象，是梦女自怜感的投射，那么，这个怀孕的年轻女同事又是谁呢？我们通过梦女的叙述可以知道，这个人正是梦女的女同事。她们共同的上司，正是梦女的男朋友。

那么，为什么她又怀孕了呢？而且男友还发短信告诉梦女说她肚子里的小孩是自己的，这又是什么意思呢？其实，这表达的正是梦女对女同事与男友之间关系的猜测——梦女感觉到男友似乎偏袒这位女同事，所以，在潜意识中怀疑男友与她有染，否则，为什么不偏向自己的女友而是偏向别人呢？这位女同事怀孕才两个月，表达了在梦女心中她与男友的关系还是比较浅的，没有男友跟自己关系深（已经怀孕七个月了）。我们看到梦女在梦境中特别提到，一位“年轻”的女同事怀孕了，本来梦女就是80后女生，在梦境中提到“年轻”的女同事，嫉妒之心显露无遗。

为什么要说这位年轻女同事的未婚夫也是公司里的呢？这是要强调男友与女同事的关系是非法的，自己才是男友的“真命公主”。那么，既然这样，为什么梦女听到这个消息之后并没震撼呢？并且主动承担了保护女同事的责任呢？

这表达了梦女所处的尴尬局面，一方面，自己与男友属于办公室地下情，不能曝光，因为公司禁止办公室恋情；另一方面，即使男友与那个女同事确实有一腿，自己也有苦难言，难道站出来说自己才是真正的女朋友？那不就暴露了地下情的秘密了吗？所以，梦境在这里表达的正是梦女这种左右为难的处境——无论是何种秘密，梦女都有义务保守住。

接下来的梦境是被老妈子发现秘密并把同事托付给老妈子。表达的还是梦女的矛盾心理。她既想与男友交流，又害怕这种交流。梦女想给自己的心里留下一点儿自我的空间，因为这是最后的堡垒，要不然自己在男友面前就一览无遗了。梦女很害怕这种感觉，所以即使内心有对女同事的嫉妒之情以及对男友的怀疑，也不愿意表露出来。

从这一点我们看到，梦女是一个很自我的人，她希望留有自我的空间，不管这个空间有多小，即使面对自己深爱的人，也不愿放弃这种自我意识。在面对爱与自我的抉择时，梦女陷入痛苦和徘徊之中。既留恋那美好的爱情，又不愿意放弃强烈的自我意识；既想把内心深处的复杂想法和困惑说出来与男友交流，又害怕暴露自己太多的阴暗面而无法在男友面前保持独立和自尊。

因此，梦境就是在这种探秘与反探秘的游戏中展开。梦境中的老妈子实际上就代表了男友。梦境表达了梦女心中与男友既亲密又隔离，既防御又依托的矛盾复杂关系，以及对男友与女同事之间关系的猜忌心理。

在这里，表哥的出现并没有什么特别所指，梦境中老妈子泄密，把秘密告诉了女同事的表哥，其实表达的是梦女自己忍不住，把自己对女同事的嫉妒之心告诉了男友。在梦境中，不要拘泥于某一人物形象的特定象征意义，有时候只是用来表达一件事情而已。比如在这里，表哥向老妈子泄密也好，老妈子向表哥泄密也好，都不重要，重要的是有泄密这一件事情。在前面的梦境中，梦女的潜意识以老妈子的世故圆滑特征象征男友，而在这里，梦女又用老妈子的性别特征象征自己，而以表哥的性别特征象征男友，表达自己向男友泄露了内心秘密这一事件。而我们知道，表哥表妹的关系历来被用来戏谑男女之间的关系，所以，梦境在这里用此来暗指男友与女同事之间的暧昧关系。

梦境以怀孕来表达一种男女之间关系的发生，是一种固定的指代还是一种偶然的指代？或者说，以怀孕象征人与人之间的关系，除了社会学意义之外，是否具有某种生理学的意义或者某种偶然性呢？其实这是有可能的。梦女无意之中说了一句话——当晚她来例假了。

看，这就是人类潜意识的复杂性，梦境中怀孕的情节就是来源于她来例假这件事。因为例假是女性特有的生理现象，它与怀孕和生育息息相关。例假可以触发女性的自我意识和女性角色，从而在潜意识中进行深度联想，然后顺势在梦境中创造出怀孕的情节来，并以此为媒介来表达一种男女关系主题。

看到这里，可能有人会对爱情中如此复杂的心态不太理解。这其实是爱情中常见的矛盾冲突，是利己的自我意识与利他的爱情之间的冲突，是情绪与欲望之间的冲突。这种冲突如果解决得好，有利于人格的成长，有利于爱情的升华，这全取决于内心思想斗争的结果。

自我意识完全战胜爱情（也就是放弃爱情）或者自我意识在爱情面前完全弃械投降（为爱放弃一切）都是不对的，也都是不好的结果。冲突必须有利于人格的成长，有利于理性的形成，学会有原则性地妥协，学会在情绪与欲望之间达成平衡而不是简单的非此即彼，冲突才有价值和意义。

4．棺材里的稻草人——得失之间

职场地下情有得必有失，你可能有一段非常美好和浪漫的职场地下情，也可能有一段苦不堪言的职场地下情，或者并不这么绝对，而是一段喜忧参半、有得有失的地下情。这有什么办法呢？当你准备陷入一段职场地下情的时候，你就应该已经作好了充足的思想准备，因为这种感情是最复杂、最难以捉摸的一段交织着各种利益关系的情感。

一位梦女告诉我，她最近总是梦见自己逃离，但是不知道要逃离什么，醒来后感觉心里空空的。有时候梦到自己在一片森林之中，但很难找到回家的路。她最近又做了一个主题为“逃离”的梦，梦境是这样的：

梦见和一个总统逃生（这个总统是国外的，是一个很能干的女的）。一起逃生的还有其他人，这些人她不认识。后来来到一个国家，这个国家里有很多棺材，可怕极了，里面还有一些稻草人，这些稻草人都是女子装扮的，是侍女。梦很乱。梦女自诉临睡前看了智利地震的新闻。

这似乎只是一个因为智利地震而做的神经之梦。但是，如果我们再联系梦女所说的最近常做逃离之梦，我们就不能简单地来这样看这个梦了。通过与梦女的沟通，梦女讲述了她目前所处的状态：

梦女现在是公司老板的情妇，在物质上能得到较大的满足。她是家中的长女，还有正在读书的弟妹，梦女觉得自己有责任成为家庭支柱。因此，与老板的这种关系可以使贫穷的家庭状况得到极大改善，让体弱多病的父母能够得到喘息的机会，有病时也能得到及时的治疗，家里有突发事件时也因为有梦女的物质帮助才没有带来灾难性后果，这些都是令梦女欣慰的。

然而，梦女还是一个二十多岁的女孩，有着自己的青春梦想和爱情追求。情妇的生活是单调而苦闷的，心中有苦无处诉说，心中有梦无法追求，小小年纪已经心事重重，生活和情感压力重重地压在她心上。

虽然她满足于目前的状态，因为支撑起了整个家庭的梦女就像能干的女总统一样，但是，充满青春活力的她有着跟同龄人一样的梦想和心灵的追求，追求一种更加自由奔放、无忧无虑的青春年华。然而，现实是不容许她这样的，她得掩饰自己的身份，独自承担所有的苦与乐。因此，内心深处逃离的愿望就自然而然地产生，然而，这种愿望是不符合她的现实利益的，而且如果只顾自己而不顾家庭的话，她的内心是会受到谴责的。我们看到，这样的念头还没有出来就被压抑到了潜意识中，从而在梦境中显现出来。

梦女一直做一种逃离的梦，并且找不到回家的路，其实是找不到自己的心灵归属。而在这个同样是关于"逃离"主题的梦境中，梦女与一位能干的国外女总统一起逃离，表达了梦女对自己的一种期望，希望自己能够成为一个十分能干的人，从而不仅可以解决家庭的困难，还可以自我独立。梦中逃到国外，表达了梦女希望逃离到一个没有人认识的地方重新开始。

梦中的棺材是否如民间解梦所理解的"升官发财"呢？不是，是梦女对自己生活状态和处境的象征显现。现在的处境对于梦女来说，如同生活在棺材中一样，毫无生气，就像躺在棺材中的尸体一样散发出一股腐烂的气息。稻草人则象征着自己的生活如同行尸走肉一样，没有心灵，只有一个空壳。而稻草人都是侍女，表达了梦女对自己目前卑微的地位和角色的自我认知——因此，要逃离。

整个梦境就是梦女内心深处痛苦而又压抑的呐喊，是对生活和阳光的渴望，一种摆脱空虚致死的强烈冲动。但是，冲动归冲动，回到现实，梦女还得作出她理智的选择。

在这个梦中，智利地震只是一个催化剂，给梦女的梦境提供了一个可供逃离的楔子和形式。而梦境的本质，如同我们上面所述的那样，是一种心灵“逃离”的呐喊，然而，在现实中却是迈不开腿的“逃离”。

5. 我怀念的——暗恋的情愫

看了上面的一系列案例，估计读者会得出这样一个结论：看来职场地下情里烦恼多过快乐。其实不一定，有一种职场地下情快乐多过烦恼，那就是职场中的暗恋。如果你在职场中暗恋着某个人又不捅破这层纸，那么，你不仅可以天天看到他，跟他一起工作，感受他对你的关怀，而且，你还少了很多的痛苦。当然，前提是，这种关系必须得持续下去。

一位80后女孩给我发来了一封梦境邮件，下面是她的梦境：

梦里只有三个人，我、哥哥、爸爸。我们三个不知道是在干吗，像是演一个皮影戏一样，有一条无形的线牵着。

我和哥哥因为在家里没有吃的东西，在生爸爸的气，因为他今天回来做饭晚了。接着，先是我哥哥在表演吃方便面，像演武术一样，每一个动作衔接得都很流畅，像是动作片。貌似哥哥是在故意表演，因为他在和爸爸斗气。

这时我发现手上一下起了好几个水疱，像是被开水烫伤的。哥哥看到我这样，就停下来不表演了，面也没有吃到嘴里。我很焦虑，觉得这样的手，明天怎么见他呢。然后哥哥就拉着我的手说这不行，是过敏了，要赶快去打针，要不然就麻烦了，会越起越多的。

后来爸爸回来了，也不知道是和谁生气，似乎是我，也似乎是哥哥，反正很模糊。

于是他开始在厨房里给我们煮吃的东西。在煮的时候他叫我们两个过去，就像小时候一样，给了我们好几个一元的硬币和纸币，然后对我们说，你们先去路口买点儿面包吃吧。

我们来看这个梦境。

梦境的一开始交代了出场的人物：我、哥哥和爸爸。这三个人物之间是什么关系呢？我和哥哥之间应该就是那种亲情或者友情的关系，而和爸爸呢，就应该是那种类似于长辈的保护者与被保护者的关系。这三个人之间的关系，似乎有一条无形的线牵着。这是一条什么线呢？我们看下面的梦境。

原来，是责怪爸爸的呵护不够，因为爸爸回来晚了，没有给他们做饭吃。在这里，吃饭意味着一种物质的满足。对于职场中的人来说，就是一种工作上的满足。看来，可能因为保护者的缺位，梦女在职场上遇到了麻烦。

这时候跟自己关系密切的人在做什么呢？似乎在故意与爸爸斗气，也可以解释为故意逗梦女开心，因为哥哥就像在表演武术一样，似乎有那种“哼，你想气我，我偏要做给你看”的感觉。爸爸并没有在场，所以可以理解为一种自我的释怀或者一种内心抵抗。

但是，这时候梦女发现手上起了水疱，心里产生了焦虑，怕明天怎么见他。这时候出现了一个“他”，有了一个关联的对象，可以判断，梦女的这种焦虑是针对他的，这就找到了线索。

因此，解梦到这个程度，我就可以质询梦女，他是谁？为什么会有针对他的焦虑产生？梦女告诉我，他是她心中的偶像，是公司里的上级。

可是，梦女找不到任何的线索，似乎没有什么值得焦虑的事情，特别是跟他有关的焦虑事件。梦境中的种种迹象表明，这件事情可能与工作有关。于是在我的启发下，梦女说了一件事情。

原来公司正在作调整，要裁员，梦女所在的部门也要裁员很多。几天前，部门主管曾经找她谈过话，问她如果部门人员编制不够她是否会考虑到子公司去。她当时心里有了不安的感觉，但是，仍然觉得这件事情离自己还很遥远。

在做梦的当天，梦女一整天没有见到他，发了短信给他也没有回音，不禁有些担心。不过后来他回了短信，告诉梦女在外面办事情，这才让梦女放下忐忑不安的心来。

下班前，部门又召集了会议，宣布了部门的人员编制，并确定了在本周末确定人员名单的事宜。从岗位编制的情况来看，梦女似乎看不到自己的岗位在哪里，这让梦女有了一些焦虑。

其实梦女的焦虑在于，如果不能在这个公司做了，就要离开这个自己很喜欢的工作环境和周围一群特别好的同事、朋友，更舍不得的是他——因为离开公司意味着以后会更少有机会见到他了。

当然这种焦虑只是一晃而过，因为还没有到周末，还不知道情况如何。而且接下来公司又安排了一些任务给她，让她觉得似乎还有某种希望。梦女的想法是，反正不到最后关头，就不要担心，事情发生了再说。

于是，梦女的情绪又好起来了。下班后，她们一帮要好的同事又约在一起吃饭，而且吃的是家乡菜。吃了久违的烩面，吃了很好吃的饼，总之点了一大桌子菜，大家吃得很开心，吃光了所有的东西。

吃饭的时候大家都很宠着梦女，还给她单独买了一个久违了的糖糕。大家都说梦女还是小孩子，而他们自己都老了，让她再次感受到被呵护的感觉。

这样梦女就很自然地聊到爸爸做的菜比餐厅里的还好吃。然后大家就说，梦女现在什么也不会干，就是与家里太宠了有关。临走之前，还有人给梦女买了一个她喜欢的甜筒，让梦女觉得这个聚会十分完美。

这就是梦女做梦当天的情况。有了这些资讯，这个梦就迎刃而解了。

原来这是一个有关工作机会得失的梦，再加上当天有一场饭局，因此，在梦境中就出现了有没有饭吃的情形，通过这个情形来影射这次公司调整的状况。

从出场的人物我们知道，这次工作岗位的调整对于梦女来说，困惑并不在于工作本身，而在于这个工作机会与哥哥（要好的同事们）和爸爸（心中的他）之间的联系。因为如果没有了这个工作岗位，意味着要离开爱护和宠着自己的同事，更要离开自己心中的他，这才是对梦女造成的最大困扰。

因此，在没有饭吃（饭碗不保）的情况下，哥哥（要好的同事们）仍然在那里以一种玩耍的方式来对待这件事情，而梦女似乎也认同这种态度并且并没有表现出焦虑的情绪。同时，爸爸没有回来做饭，就是意味着在部门宣布人员编制的时候，那个他并没有在公司，没有在自己身边，这让梦女有了一种不安全感，受保护的心理没有得到满足。

但是，到后面梦女开始焦虑起来，是因为担心自己手上起了水疱没有办法去见他了。这个担心，正是一种分离的焦虑，是梦女担心离开公司之后将很少有机会见到他了。

至于为什么会有手起水疱的梦境，梦女认为可能与前两天因为对工作一事伤心欲哭时，用手过多地揉了眼睛有关。她当时就想，不能把眼睛揉红了，到时候怎么见他啊。

爸爸回来后也不知道是和谁生气，这一段梦境表达的是那个他后来回了信息，表明并没有什么事情，这让梦女心安了很多——爸爸回来了，她就有安全感了。爸爸生气，表明了梦女对那个他的期望，觉得他一定会对部门压缩她的编制这件事情表达不满。

爸爸还给了他们一个定心丸吃，因为在没有做好饭菜之前让他们先填饱肚子。这是否意味着那个他给梦女带来了令她开心的事情，让梦女暂时忘却了工作的烦恼？还是因为当晚的一顿开心聚餐令梦女的情绪发生了转化？还有一种理解是，爸爸开始做饭，但是并没有做好，这是否是梦女的一种感觉——管它呢，在没有正式确定之前，该干啥就干啥——有面包就吃面包，有甜筒就吃甜筒。

这就是这个梦境的主题。

后记：

当我把解梦发给梦女时，梦女竟然有一种莫名的感动。她觉得自己可能真的是不敢面对这一事实，而是极力地回避。当解梦把她内心深处极力掩藏的事实说出来的时候，她竟然抑制不住自己的泪水，有一种强烈的触动。

她说，这让她想到了孙燕姿的一首歌，叫《我怀念的》。她还把歌词发给我，让我体会歌词的含义。

梦女说，虽然歌词的背景和自己目前的处境并不一样，但是表达的都是一种离别时的伤感。我在下面附录了这首歌的部分歌词，是希望读者也能够体会梦女在那个时刻的真实情感体验。

我怀念的是无话不说
我怀念的是一起做梦
我怀念的是争吵以后
还是想要爱你的冲动
……
我怀念的是无言感动
我怀念的是绝对炽热
我怀念的是你很激动
……
我记得你在背后

我记得我颤抖着

记得感觉汹涌

最美的烟火

最长的相拥

谁爱得太自由

谁过头太远了

谁要走我的心

谁忘了那就是承诺

……

我放手

我让座

假洒脱

谁懂我多么不舍得

五　职场卧槽之心态调整

——得之我幸，不得我命

其实职场功夫中最高的功夫就是卧槽功夫，俗话说“马无夜草不肥，人无横财不富”。知道夜草从哪里来吗？就是从卧槽功夫中来。一些人进入职场，心态浮躁，受不得半点儿委屈，一有不如意就耍性子跳槽走人，一副自命不凡的样子。殊不知频繁的跳槽正是职场大忌，其一，得不到职场积累，几年下来同时期的人都一个个技艺精湛了，只有自己仍然是个门外汉；其二，频繁跳槽把职场中各种潜在的机会都丧失掉了，机遇不会时时有，总是会隔一段时间降临，而频繁的跳槽会经常导致与机遇擦身而过的情况；其三，频繁的跳槽会对职业生涯造成毁灭性的破坏，因为用人单位对于经常跳槽的人采取的都是排斥态度，这样的人给公司带来的不是贡献而是成本。

卧槽功夫是职场最重要的功夫，然而，要练就这样的功夫谈何容易！其实要说这一门功夫难也不难，关键在于卧槽的心态，就是一个词：淡然。既然卧槽，就不要患得患失，不要计较一时之得失，而是要有长远眼光，树立职业生涯中的阶段性目标。你要做的，就是在这期间，将自己的职业技能、人际关系、管理能力以及客户资源的拓展目标完成，其他的得失如薪资、职位等就要放在一边，这才是主动的职场生涯，而不是被蝇头小利所牵制的被动的短浅规划。

卧槽阶段最重要的心态就是：得之我幸，不得我命，如此而已。对于利益方面的诉求就是要抱这样的心态，而对于自己设定的目标则要持之以恒地坚持，千万不要被职场中一时的变故或者自己的一时之气乱了方寸，动了阵脚。对于有远大职业理想的人来说，一定要切记“小不忍则乱大谋”。

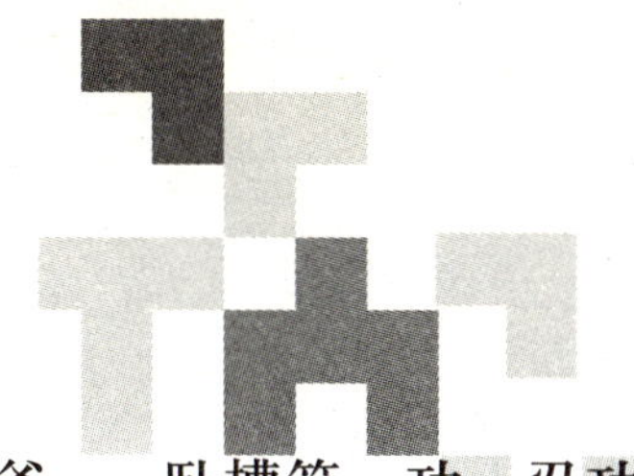

1. 势利的爸爸——卧槽第一功：忍功

职场中的势利小人很多，往往让我们很看不顺眼。其实对他们要抱着宽容的态度，在这个充满利益冲突的职场上，谁不会有那么一点儿势利呢？包括你自己。这就是职场生存之道。

一位职场女性做了一个抗日战争时期的梦，梦境如下：

抗战时期，我和一群老老小小的家人住在一起。这时候来了一家很有钱的人家，一个爸爸和一个妈妈，带着一个小女儿要租住我们的房子。梦里我的爸爸是一个小买卖人一样的老男人，很现实。爸爸一开始很为难，觉得家里人已经很多，没有地方租给他们了。但是当那个男人很骄傲地说每个月出50块大洋租我们的一间房子时，我爸爸就非常高兴地答应了——因为那些钱足以租到两间房子了。

那个男人接着就把手上的戒指拿下来给了我爸爸，说这个值50块大洋，又炫耀地指着自己的手表说这个也很值钱。我站在旁边看着，心里想，为什么不给现金却给东西？他们一定在吃老本。他们看上去也没有什么谋生的手段，可能以前过着很富有的日子，花着家族里的钱，没有什么社会经验，现在战乱逃出来，以后的日子会很苦的。

然后梦就醒了。

醒来后想了想，这个梦可能源于我去公园准备办年票时，突然发现自己这个月的工资竟然花得一干二净，中午都没钱吃饭了，只好叫老公过来请自己。

此外，最近有一件比较触动的事情，那就是从网上看到一个有点儿熟的文学青年朋友失业了，也没有钱了，我给他留言说我现在也没钱了，要是他不急，等我发了工资支援他点儿。他回复说：“不用了，你也是穷人。不过还是谢谢你。”我感慨，还是做女人压力小点儿。

那么，梦境中为什么会有这样一段乱世情节的出现呢？我想可能与我临睡前看了鲁迅的家族史有关吧，说他家曾经连着几代中举人，到他爷爷那一代忽然败落，所以鲁迅小时候整天跑当铺。回过来想想我自己家也算是家道中落吧，听大人说以前家境还是不错的。不过据说这种家庭最容易出文人，曹雪芹就是典型。

说起家境的事，还记得从小我爸就一直嘲笑我“脑子里的花一枝一枝的特美”。他对于浪漫情怀有一种恐惧——也许他是被自己伤着了。我谈恋爱的时候，他就从书架上拿本鲁迅的小说集，翻到《伤逝》那一篇，让我读——我爸这辈子最恐惧的大概就是我将来变成一个落魄文人。

这就是做梦当天晚上的所思所感，我想这个梦可能和我的这一感慨有关吧，因此在梦境中演绎出一个乱世之中的场景，并且表达了对落魄文学青年的感慨——看样子人还得学个一技傍身，这样才不至于落魄到要典当自己的身外物来维生。

这就是梦女的叙述，从总体来看，梦女的分析是正确的，难道这个梦就只是这样吗？

这里面有一个疑点——那个男人的形象和爸爸的形象。根据梦女的叙述，爸爸虽然反对自己做一个落魄的文人，但是，这也说明爸爸并不是一个世俗小人，而是一个受伤的文艺青年，一朝被蛇咬十年怕井绳而已，所以不愿意自己的女儿继续从文。那么，为什么梦境中爸爸会是一个势利小人呢？

还有梦境中出现的那个男人，也是一个没有功底靠吃老本的人，这个人又是谁？从梦女的叙述来看，梦女对那位失业了的文学青年并没有鄙视的意思，那么，在梦境中对这个男人的鄙视又是源于何处呢？

看来，这两个疑点才是梦境的关键。为了揭开这个梦境的谜底，我要求梦女再提供多一些信息。于是梦女提供了最近发生在公司里的一件小事给我，让我看看是否与梦有关。叙述如下：

上个月公司有次聚会，部门主管邀请另一个部门的同事 W 参加。看着 W 那么肉麻地赞美部门主管，我心里觉得很搞笑。因为 W 曾经几次在我面前说我们部门主管做人有问题，说得我都有些烦了，不喜欢他这种挑事儿，所以开始远离他。

公司就是这样，办公室里几乎每个人都没有勇气当面说出自己的不满，又忍不住在人的背后说，最后把人际关系搞得很复杂。前一段时间公司总经理累得都生病住院，我觉得她心累的地方不是工作，而是这种无聊的人际关系。我想和这些人际纠纷保持距离，所以上个月我大部分时间泡在图书馆里。相比较办公室里的狗苟蝇营，我更愿意花费精力去想文学、人生、事业这些东西。以后我还会继续一个人待着，他们爱谁谁。

梦女提供的补充信息非常关键，是打开这个梦境的钥匙。通过梦女提供的信息，我们终于找到了梦境中爸爸和那个男人的原型——另一个部门的同事 W。为什么会这样？因为梦女看不上 W，觉得他是势利小人，因为他跟梦女在背后说梦女部门主管的坏话，而当面却又肉麻地赞美主管。

因此，梦女在梦境中透过爸爸的形象和男人的形象，表达了内心对 W 的看法：势利小人，不学无术，靠吃老本度日，以后的日子会很苦的。

这就是梦境要表达的寓意。

然而，这一事件对梦女最大的触动却是公司里复杂的人际关系，“几乎每个人都没有勇气当面说出自己的不满，又忍不住在人的背后说”，这其实就是职场的现状。从梦女的叙述来看，她很看不惯这种行为，然而这却是职场生存的法则。

从个体的角度来看，职场不合理的事情太多了，因为每个人都站在自己的立场上，从自己的利益出发，因此，意见本身是否合理首先就是问题。而且在这样的职场环境中，也要容忍像 W 那样的势利小人存在。其实，“谁人背后不说人”，只要不是阴险小人，挖坑害人，只是溜须拍马、左右逢源的势利小人，并不会产生太大的影响。

因此，在职场中，不满是普遍存在的，不满要不要表达？要表达，但是第一要注意方式；第二不能老表达，因为老表达就变成了牢骚，就失去了意见的积极价值和意义了——这就是职场卧槽第一功：忍功。

2. 架构调整——卧槽第二功：处变不惊

职场上的情况通常是计划没有变化快，很多老板都以“变是唯一的不变”这句话来为公司政策和制度的朝令夕改做挡箭牌。对于职场中人来说，一定要看穿这种变化调整的本质——不用担心，很快又会变回来的。在这种心态下，你才能够沉着淡定地应对，处变不惊——这就是职场卧槽第二功。

我的一位学生，在接受我的训练之后，经常为周围的同事和朋友解梦来训练自己的解梦能力。效果还真不错，她为别人解了好几个梦，都解得非常精彩，也令做梦人心服口服。下面就是她最近帮一个叫唧唧的职场女生所解的一个梦。

唧唧

我昨天梦见咱公司组织架构调整，人力资源部改名叫“人才市场部”，晕死。

学生 #^_^#

啊？ 那是你看公司的会议纪要看得走火入魔啦。

唧唧

哈哈，好像就是开大会宣布组织架构调整，所有部门的名字都变了，好像营销部改成“媒体部”了。

学生 #^_^#

梦中你的心情？

唧唧

心情啊，就觉得简直是乱搞。

学生 #^_^#

让我给你好好解解。

唧唧

哈哈，你还有这个本事啊，小神婆。

学生 #^_^#

嘿嘿，是的，要及时记录，才方便于我取证嘛。

唧唧

是吗？那以后做梦我要及时记录下来，马上打电话给你，不然就忘了。

学生 #^_^#

你这两天是看公司的会议纪要了吧？而且感触很多吧？

唧唧

是啊，老板的思想太深邃，我根本看不懂。

学生 #^_^#

所以你做了这个梦，因为你觉得他难以理解，所以才在梦里把所有部门的名字都换了，你可能潜意识里觉得他又是在乱搞。

唧唧

哈哈，太反动了。

学生 #^_^#

没关系，是你的潜意识，没有人会知道的。

唧唧

嗯。一切都是虚无。

学生 #^_^#

但是你其实还把这很当一回事的，也就是说你很在意，从梦里你把人力部改为人才市场部这一事可以看出来。

这两天有没有发生过其他的事？对你有所触动的。

唧唧

没有，最近我的日子无忧无虑，今天穿去年买的裤子，发现又紧了不少。领导们每天忙大事，哪里顾得上我？不过听说总部的风声很紧。

学生 #^_^#

这也许是你梦里人力部变为人才市场部的另一个解释。你知道要改革，知道将来会做许多事情，但是却不明了。其实这里的人才，就是你！你认为你是可以做很多事情的！人力部就是人才部。这个梦说明你有怀才不遇的不满，哈哈。

唧唧

天哪，你太神了，解出了我所有的寂寞。

学生 #^_^#

我们继续聊你的梦，你这两天有没有和营销的打过什么交道？

唧唧

嗯？有。

星期五那天晚上还跟营销部张高经聊天了。

学生 #^_^#

说了什么？

唧唧

大家胡说八道了一通对改革的看法。

学生 #^_^#

当时你有啥感觉？

唧唧

啥感觉啊，也没啥，很愉快。

学生 #^_^#

让我彻底地解出你的寂寞吧，你梦里就对人力部和营销部的名字记得比较深是吧？

唧唧

是的，印象里这两个部门改动比较大，其他部门好像还差不多。

学生 #^_^#

这就是因为你周五和张聊天啦，对营销部的印象比较深呀。还有可能就像你说的，聊得很愉快，这就有可能你潜意识里觉得这个张，不像做营销的，反而像是做媒体的。

唧唧

呵呵，是的，当时我真是这么想的，你怎么知道？

学生 #^_^#

当然知道，因为梦中你把营销部改为了媒体部，这正是你潜意识的反映。

唧唧

哈哈，你说得真准。

真的很有意思，没想到两个 80 后女孩聊一个小小的梦，竟然带出来了一段办公室风云。

这就是我的学生给她的一位朋友所解的梦。我们看到，透过这个梦，可以看出职场女孩唧唧对于职场变化的不适应，觉得公司变来变去，也不知道变出个什么样来。这是职场中最常见到的一种心态，大部分人在职场中都会有这样一种感觉。面对这种变化，一定要做到处变不惊，因为“变”也能给你创造新的机会，让你尝试不同的岗位、担当不同的职责、与不同的同事共事并且有可能从新的上司那里学到新的东西。

而且，你怕什么，变来变去，总会变回去的。

3．恨嫁——卧槽第三功：定力

职场上有一种常见的心态，就是这山望见那山高，总认为别人比自己好，别的公司比自己公司好。因此，往往沉不住气，一有诱惑就想走，但是从来没有想过“天下乌鸦一般黑”，你出的可能是狼窝，入的还可能是虎穴。因此，混职场，定力最重要。

我的这位学生，通过QQ对话又给唧唧同事解了一个恨嫁的梦，解得非常精彩。下面是整个解梦的过程。

唧唧

昨晚我做了一个梦。话说梦里，我是一个急于嫁出去的单身女郎，压力非常大。然后好像是那个已经离开公司了的好好先生，送我一条项链，上面有我的照片，我想这就是表白了，很开心。可是完了之后他也没有再行动，我就感到压力越来越大。

学生 #^_^#

还有吗？继续说。

唧唧

真的记不清了，反正就是梦到我找不到男朋友，没了。

学生 #^_^#

梦里感觉到压力很大？情绪焦虑？

唧唧

对的。

学生 #^_^#

我的判断是，这不是一个关于爱情的梦。一定是一个跟你现在的思想状态及工作有关的梦。因为我觉得梦里有着对未来的不确定性。

最近有想过去别的公司的念头吗？或者说希望公司这次变革能带来新的气象？

唧唧

啊？你怎么知道我有这个想法？惨了，怎么轻易被人看出来了呢？

学生 #^_^#

呵呵，不用担心，是被“砖家”看出来了，别人是看不出来的。

好好先生的出现，我觉得有两个可能性：

一、他离开了公司，而且，如我们所看到的，他现在在那个新公司工作很顺利，比他在我们这里的时候受到重视。他自己很得意，很开心，所以，在梦里你希望得到他的青睐，这样的话，就说明你和他是同类型的人了。

二、因为我们这两天过多地提到他，提到关于他的事情，所以在梦里他就会出现了。

唧唧

很对。

学生 #^_^#

如果符合第一个解释的话，那么，这个梦就是你急于想摆脱现状。新的希望似乎是有，只是并没有落到实处，让你内心非常不安，觉得压力很大。你在等，等着外面新的机会，或者等着公司给你一个明确的方向。

唧唧

太对了！简直是神婆！

学生 #^_^#

这个梦完全反映了你现在的心理状态。

唧唧

哈哈，我要送你一个条幅，神算天下无双。

学生 #^_^#

这不是算，这是理解智慧，了解梦要表达的语言。

梦其实就是你真实的意思，比你白天的更真实。白天你接受了很多理智及外界因素的影响，真实的想法很容易被自己忽略，而到了晚上，完全放松之后，它就跑出来啦！

学生 #^_^#

不要太崇拜我啦，姐只是存在于天地间的一个传说。

唧唧

呵呵，是的，你太寂寞了。

学生 #^_^#

我？不是吧？

唧唧

是的，你拥有如此强大的内心，谁能走进去，了解你呢？

学生 #^_^#

我有强大的内心？ MY GOD（我的天啊，表示惊叹）！

哦，我明白了，是英雄寂寞，你表达的是英雄寂寞。

不过，我怎么会寂寞？我看到的不是寂寞，是自恋。哈哈。

唧唧

啊哈哈。

这个解梦到此就结束了。我的学生很有智慧地解读了一个恨嫁的梦境，但其实是梦女卧槽心态变得浮躁，看到其他跳槽的人在外面混得很好，就对自己目前的状态不满意，希望找到更好的单位。

应该说，跳槽之心人皆有之，但是，他人跳槽的成功并不意味着自己也能够成功，这是每一个职场中人都必须理性认知到的问题。另外，要懂得坚守，所谓“守得云开见月明”，有时候职场的失意只是暂时的，可能跟自己的心态也有关系。因此，善于坚守，不要轻易动摇，只有时机真正成熟的时候，才能考虑跳槽之事——这是职场卧槽第三功：定力。

4．医院变庙——卧槽第四功：动荡不慌

对职场变化有些人可能还沉得住气，但对公司动荡就有点儿沉不住气了，特别是经济形势不景气的时候，公司效益又不好，开始大规模裁员，即使侥幸没有被裁掉，也要被迫接受降薪降职的安排。在这样的情况下，怎么办？走还是留？这其实考验的是我们职场卧槽的第四功：动荡不慌。

一位职业白领，最近单位有一些变故，要降薪裁人。梦女虽然在单位算是骨干，但受到的冲击也不小，在这种情况下，她做了如下的一个梦：

开始梦到我老姨买房子，搬到了沈阳。后来又梦到我在沈阳买了房子，可怎么住都不舒服，都没有我现在这个跃层的好，那个是平层的。

后来又梦到了个男孩，竟然是我弟弟（我是独生女），于是我让他结束了租房，带女朋友住到了我新房的另一个房间。

然后又开始梦到妈妈，开始妈妈还挺好的，后来我去老姨家看她，发现她说话开始不清楚，笑也很困难，脸上肌肉都僵化了，妈妈特别要强，这种状态令她觉得特别不好意思。后来老姨给她送到医院里，医院在山上，是个庙。医生开完药，我给妈妈送，结果我出了庙门在山上转了一天也没找到她。突然发现有人抓路人往车里塞，我赶紧跑回庙里把门关上。那时候天已经黑了，庙是陡的，庙里斜坡的台阶上一级级站满了病人、护士，又在发晚上的药了。

这时我还没找到妈妈，猛然看到庙对面的另一个医院里，妈妈就站在窗边边往外望，特别孤独。于是我拼命要冲出庙过去，大家拦我说外面抓人，我还是冲了出去。

到了对面的医院，发现有好多我的同事，有一个医生在给他们算命，这个医生是我好几年前采访过的一个整形医生。结果他们算的命都很好，还给他们算九型人格，然后给我算就不知道结果了。

这个梦做得特别难受，一想到妈妈说不出话来就痛哭，在梦里痛哭无数次，起来眼都肿了。现在心里还特别难受，还在哭。

看完这个梦之后，我觉得这个梦无须再作任何了解就可以解开，因为梦境的情绪表达得十分明显，是一个职业白领面对单位变故时的种种心态。下面就是我写给梦女的解梦内容：

这个梦与妈妈无关，与你目前的境地有关，整体反映你目前经济和工作上的窘迫状态。梦境第一段老姨买房子搬到沈阳是一个铺垫，因为要引出你也在沈阳买房子，为什么要在沈阳买房子？这表达的是你一种逃离的潜意识心理，现在大家纷纷说“逃离北上广深”，其实正表达了都市白领在面对大城市激烈竞争和压力下的心理。你梦境中在沈阳买房子的情境正说明了这种心理，说明在面对巨大压力的情况下，你确实产生了逃离的想法。逃离是办法吗？你并不这样认为，因为在梦境中你认为在沈阳的房子怎么住都不舒服，这表达的是你对逃离之后生活的担忧，担心逃离之后的生活品质无法保证。

梦境的第二段是你突然多出来了个弟弟需要照顾，这说明你的压力很大，不仅有对职业的忧虑，还考虑到了家人，你觉得你有义务承担起照顾家人的责任。

接下来是梦到妈妈，妈妈刚开始很好，但是后来出现问题了——“说话开始不清楚，笑也很困难，脸上肌肉都僵化了，妈妈特别要强，这种状态令她觉得特别不好意思”。妈妈正是你自己的投射。第一，说话开始不清楚了，是你目前有苦难言的投射；第二，笑也很困难，脸上肌肉僵化了，是你面对单位裁员和降薪状态下神经紧张的投射。妈妈后来被送到了医院，但是医院在山上，还是个庙，说明其实你心里明白，这种状态是难以改变的，只能祈求老天的垂青，因此医院就是庙。医院也是你对单位的认知，认为是一个变态的地方。庙在这里还有另外两层意思，第一，是“逃得了和尚逃不了庙”，你认为职业白领怎么样也逃不出“单位”这座庙；第二，是你可能会认为自己的单位其实是个大庙，寓意还是一个比较稳定、还能够给予庇护的单位。最后你送不到药表示目前的状态没有解药，漫山遍野地寻找妈妈，表达你茫然的状态。

接下来，有人抓人走，代表单位裁员，人被抓走了就是人减少了。你赶紧跑回庙里把门关上，表示你想躲过裁员。庙里斜坡台阶上一级级站满了病人和护士，表示你的单位很大，层级多、程序复杂，确实人满为患。发晚上的药，似乎有点儿“又给上眼药水了”的感觉，一方面可能表示工作的压力，又派任务了；另一方面还可能表达单位就只知道给员工灌迷魂药，说得很好，但是很少兑现。

在这种情况下，怎么办？每个人都会寻找出路，你也不例外。所以这时候你发现了庙对面的另一个医院，其实就是另外的单位，这说明你不是没有想过跳槽。跳槽就一定好吗？不一定，梦境中妈妈在另一个医院很孤单，表达你认为天下乌鸦一般黑，这是你想跳槽的顾虑。但你还是冲了出去，表达的是你内心强烈的跳槽冲动，只是患得患失，充满忧虑。

接下来的梦境怎么突然转到算命了呢？说明你对自己的前途把握不住，只能寄希望于命运了。同事算命都很好，表达的是你认为别人都比你幸运。算命的人是整形医生，说明你想改变自己，希望像某些同事那样会包装自己。九型人格也是你想作出改变的寓意。而最后你的命没有算出来，表明你的前途未卜，你目前还看不清。

最后，你强调：“这个梦做得特别难受，一想到妈妈说不出话来就痛哭，在梦里痛哭无数次，起来眼都肿了。现在心里还特别难受，还在哭。”这其实是你借妈妈说事，通过梦到妈妈痛苦的状态来宣泄自己内心的压抑和愤懑。

最后送你一句话，越是在动荡之时越是要沉住气，要知道，你的公司动荡源于经济的不景气，难道别的公司不会受到影响和冲击？也许其他公司面临的危机更大。而且，从你的描述来看，你把公司比喻成庙，说明你的公司还是比较大的，抗风险能力较强，即使这么动荡，你待在里面还是比较安全的，应该等风平浪静后再找机会。

看了我的解梦之后，梦女发来一句话：“你解得很准。是的，公司最近很动荡，不过，在这个公司工作总体而言还是比较稳定的。现在去任何其他地方也都会很动荡，那样会让我更加焦虑。”

5．鬼压身——卧槽第五功：失势不恼

职场卧槽中最令人难受的可能还不是上面提到的那些事情，而是这种情况：本来你是上司的大红人，突然从某一天开始，你感觉到上司不再重用你，而是重用了一个你根本看不上眼的人。你慢慢地被边缘化了，什么重要的事情你都不知道，就像一个旁观者，看着你根本瞧不起的人整天忙忙碌碌，但这些事情愣是跟你无关。这就是职场失势，风水已经转向，你不再受青睐了，怎么办？你能做到不愠不怒不恼吗？如果你做到了，那就至少练就了卧槽中的第五功：失势不恼。

我的一位学生，收到同事的一个梦并求解，但是学生觉得这个梦的难度比较大，于是就将这个梦发给我，希望我帮忙。

由于受过我的专业训练，因此，我的学生在收到别人的梦境邮件时，总是要先作一番背景调查，以便更好地来解梦。下面是梦境的情况以及背景调查对话的内容（敏为梦女，Baby Han为我的学生，两人均为湖北人，在对话中夹杂了大量的地方口音，如“克”即去，“带”即在，“冒”即没有，“么昂”即怎么，“么丝”即什么等。为了保持原汁原味使整个解梦过程生动形象，没有将之改成普通话版本而是保留原样，因此有可能对阅读造成一些不便）。

敏

我蛮难有基本上都记得的梦，这次做了一个，传给你看看。

Baby Han

我看看哈。你做梦当天有什么事发生了吗？

敏

昨天嘛，星期天，加了天班，烦躁不过。昨天到中午要吃饭了，我不想吃，前天冒睡好，我就让那个赵自己去吃了，我睡哈。我平时总在桌子上趴着睡，但最近总是睡得手脚发麻，我就跑得沙发上克躺倒了，一躺下来好像就睡着了。大门没有关，我觉得也没事，昨天没什么公司上班，再说赵一般一会儿就会上来的。

然后我迷迷糊糊的，就觉得他上来了，推门进来，有脚步声。但我感觉那个脚步声走到我的位置上去了，并且在翻什么东西。我当时还想到，哟，我包里还有不少钱咧，就想起来看哈子。结果发现，我双手是放在头两边，朝上放的，完全不能动。我就觉得不对，我想起来，我明显听到那个人还在翻。我觉得我确实醒了，很清醒，就是不能动，我当时还觉得我被下了药。我就拼命地想起来，发现我好像有一只手可以动。我记得我的手机在我旁边，我就伸手克拿，想打电话。这个时候，我感觉那个赵发现我了，他走过来了，他就在我脑袋后面。我能够睁开眼睛了，但我看不到他，我又拼命地想转头，发现也转不过克，我就怕了。

然后突然一个脚步声，我顿时就是真的醒了，睁开了眼睛，能动了，发现我并没有用那样的姿势睡觉，而是两手交叉放在肚子上。我一下子就坐起来，看到赵正站在自己的位置上在放吃的，我就问他，你几时进来的啊？他说刚刚啊。我就觉得自己像碰到鬼了。

Baby Han

也就说你是周日去加班，只有你和那个姓赵的人，然后做的这个梦？

敏

嗯，是吧。反正就是觉得哪里不对劲样的，接着晚上还做了一个裸体的梦，梦到我赤身裸体在大街上走，我的个天啊！

以上就是我的学生在第一时间了解的背景资料。为了让我更加清楚相应的背景，我的学生还专门作了说明——“她做梦的前一天，我也做了一个梦的。还跟她在网上聊过的，是关于公司的梦，也梦到了公司的黎总，也就是我们聊天中的老黎”。

为了把这两个梦了解得更加清楚，我要求学生把她们那天的聊天记录发给我。

学生觉得好奇，难道这也跟那个梦境有关？我说有可能，如同侦探破案一样，在没有排除这种可能性之前，我必须尽可能多地了解相关信息。

下面就是学生发来的她们前一天的聊天记录。

敏

老黎又发神经了，我快烦死了，他让我和那个新来的赵周末加班招人，招到为止。

我今天冒克，我有事，那个赵克了。动鬼，我都不晓得到底带搞么名堂，招的个么人，他又完全不听别个说。

Baby Han

他是不是疯了，项目又没有动，有钱也不能这样花撒，现在招人做什么咧？

敏

现在招这多办公室是做么丝，现在招财务总监又是为了么丝？也不跟我们交流哈，么昂个招法？来的都是找不到工作的人。你想项目没有动，来了，也走了撒。

敏

不算那些来了几天就走了的，我们公司流失率都起码是 60 以上了。搞的个鬼，还乐昂搞，我快看不下克。他现在都让那个赵在招，我完全不想管，他跟别个下个硬指标，一个礼拜至少 10 个人，往上奏。也许那样的人来招人还比较适合他。

Baby Han

就是那个男的？新来的姓赵的？

敏

嗯。我每天坐那地看哈，萝卜白菜腌菜都往他那里送，蛮好，他喜欢，人多，快跟老吴一样了。行业都是通的，这样不是搞臭了是么丝。不晓得别个来我们这里，周围有冒得朋友劝，算了算了，是个么鬼公司。

敏

其实老黎才做房地产，蛮多东西不按程序来，我们都能够理解。问题是他也完全不听人说，现在哪有部门撒，都是个散的，不晓得他要么昂搞。他要的都是听他话的，你说这公司么昂运作，对他持不同意见的，他就说别个沟通完全不行。老子汗。

敏

上回来面试总助的个女的，从他那出来就说，算了，我还是留在原单位吧，我觉得你们老板不仅仅是固执，你们跟他招个听话的文员就够了，完全不能听任何不同意见。我听到都好笑。后来我去他那里就问他，你到底觉得别个是哪里不好？有什么缺点？不足在哪里？他还一愣。我说我不是别的，我想搞清楚一点，以后再招就晓得避开这些了啊，不是更有效率一点？结果他半天只说不行，不行带哪里也不晓得，最后就说了句别个沟通不行。哎哟！

Baby Han

昨天不知道是不是跟你聊过老黎的，搞得我晚上做梦还梦见了他，喝了很多酒，黑倒我一跳。

敏

所以说那个新来的赵也许蛮适合他这样的老板，管他三七二十一的都往他那送，个个都好。

前天面试个女的，我笑死了，两个人带会议桌那边面试，像悄悄话讲八卦的。我一直以为是财务室带讨论么丝，后来发现时间也长了点吧，再一看，哦，带面试。

Baby Han

你可以对他唱，有一首歌是这样唱的：我性格比他强，怎么做他的绵羊？

敏

唉，烦人烦人，吃饭克了，吃饭出门了。

上述的对话就是我的学生做了一个与公司相关的梦之后她们之间的对话。通过这段对话，我们对梦女所在公司的职场环境有了一个大概的了解，对梦女自身的职场生存状态也有了一个初步的认识。在知道了这些背景之后，我与学生就这个梦展开了对话。

梦侦探

这个梦还挺有意思的，因为跟鬼压身有关。前不久正好看了一集《康熙来了》，从来没有看过，那天说想看看究竟是个什么节目，结果就从网上搜了一集来看。嘉宾是海清和黄海波，整个节目就是讲明星们出外拍片时遇鬼的故事，很逗的。

Baby Han

敏说的那个情况，我遇到过，我觉得是因为手放在肚子上的原因，很想醒来，伸手都不可以。

梦侦探

是的，鬼压身的梦很多都是与手放在肚子上或者胸口上有关。不过从梦的情况来看，她梦见新来的同事可能在偷她的钱什么的，还是跟职场有关。

Baby Han

是吗？她是以前我在公司时的同事，做行政人事的。和我的关系很好，也是属于大龄女青年，挑剔，不愿意委屈自己，人长得漂亮，但也是很难嫁出去型的。

梦侦探

也有可能是跟她的隐私有关，她的桌子上、电脑上或者钱包里可能有一些隐私，她觉得那个新同事赵侵犯了她的隐私。你问一下她，是不是觉得被侵犯了隐私或者钱财之类的事情，否则不会梦到那个姓赵的同事翻她的钱包。

Baby Han

问什么？有什么隐私？她肯定会说没什么啊，我觉得也没有什么。除非是你能理个线，她可能会说实话，这样问，她肯定会说什么事都没有。她这个人，也很宅，每天除了上班就是回家上网打游戏，跟我一样，属于很懒的类型。不过，她也不想在那个公司待了。我劝了她的，毕竟她这样在其他地方也不一定能拿到很高的工资，她的性格其实比较合适待在这里的。

梦侦探

要么就是她中午睡觉时觉得别人偷看了她的隐私，要么就是被人侵犯了钱财，破财了之类。

Baby Han

她说她从来做梦记不得的，只有这次记得。

梦侦探

说明她潜意识其实知道这个梦跟什么有关，而且一定不是一件普通的事情，令她印象这么深刻。当然，还有可能是她觉得在这个公司里干得完全没有尊严了，不知道她的这种感觉是不是很强烈。

Baby Han

很强！这个我知道，因为我也在那公司做过，老板完全不听别人的话，只需要一个听话照做的人就可以了，这是大家的想法。

为了更准确地探好这个梦，我必须作出最后的努力。因此，我要求学生再与梦女进行一次沟通，以充分了解做梦当天所发生的事情以及这些事情可能对梦女产生的影响。

下面就是学生与梦女的再一次对话。

Baby Han

你这个梦反映了你的一些潜意识。这个梦的关键就是，有一件你觉得受了羞辱的事，或者自己的钱财受到了侵犯、损失。

敏

你说的这个让我想到，那是不是还是最近关于招聘这个事？黎总的安排，让我觉得不舒服，虽然我自己也很想摆脱招聘，但是以这样的方式不对劲，没跟我打招呼就直接叫那个姓赵的做这件事情，而且那个姓赵的是个我非常看不上眼的人。

事实上，他确实帮黎总招到了一个人，星期六招的，今天过来报到的。我觉得或许真的是我的问题，把招聘的事搞得太负责，太认真地筛选，或者我根本不适合这样的领导的做事方式，每一点都让我无法认同。

晓得不，今天楼上又跟他招了个人，24 岁，他以 2000 录取了，安排在我们楼下做行政，我完全理解不了。加上我上次招的那个，19 号过来报到。四个行政了。

Baby Han

你觉得这件事，对你有影响吗？

敏

今天来报到的是个男的，所谓的营销副总，油得不得了，自称家里 600 平方米的别墅。然后中午我说蛮久冒大家一起吃饭了，克炒个菜咧，大家都同意了，他也克。后来欢欢直接就嘴，是不是傅总请撒，他说发工资请你们啊，这种情况他完全不答白。老子昏，七个人吃了 65 元钱，他先垫的，我回来连忙把钱给他了。也是那个姓赵的招的。

Baby Han

你那个梦，你觉得还是老黎的原因吗？

敏

我觉得反正是跟工作有关的吧，不顺心。自己都还冒站稳，我看他这个月的工资都难开出来，还招这招那，简直就是浪费成本，成天节约节约……节约的个么名堂。不晓得也不愿意听人说，可能是不愿意听我们说吧，说不定这是他哪个朋友给他的意见。

我现在反正也是蛮无所谓，对他也就冒得么顾忌了，乘凉，拿工资。今天那个姓傅的，先通知的时候就对工资税前税后蛮计较，我也都对他说了，但别个肯定是觉得从我这里说出来，不蛮准确，到底工资又不是我谈的，就要跟黎总聊哈。我就跟老黎说了。结果老黎他一早上站得办公室门口，还不耐烦的样，说，敏啊，我的意思你还不晓得？我心说得勒，清楚了，你是么这点事又推得我这里来了咧，这点小事。

敏

我当时蛮烦，到他门口就说，黎总，我跟您聊哈子吧。后来就跟他一说，该说的我都跟别个说了，么丝都说到了，别个还是要跟您聊，这也证明我这个层面是不够说服他这件事的，毕竟我不是拍板的人，这个并不是小事。他就说，你就直接肯定地跟他说撒。我说，我觉得我当然要跟他说，但他的意思还是要跟您传达吧，万一我肯定了，别个不愿意就不来了，你其实又蛮看中他，可以考虑，那么办？那就是我的责任了，不是放走了人才？他看我半天，说，好好好，然后说你克吧。

敏

周也快烦死了，今天跟我谈半天。老黎把周和王搞个么审计，我快笑死了，真是个……哎，不晓得么昂说！就是任何人的事都有权过问，公司里畅通无阻，连我的考勤表他们都要审，这叫审计？这叫单独检查小组吧。

敏

总之，可能是招聘这个事让我不舒服。起码是潜意识，我其实晓得他迟早要这样搞的，只不过至少应该先跟我打个招呼，再跟别个说，我是觉得他做事让我完全无法理解。你说他想像丹丹那样，不要我了吧？他又跟我加工资。其实这个月又冒加，他说下个月起加，我都难得说下个月是个么回事哦。

学生在把上述对话发给我之后，她自己作了一个小小的总结，是这样的：

我认为敏的梦，还是跟黎总有关。黎总最近招了四个新人，加敏就五个人了，五个人做什么事呢？敏感觉老板不尊重她，至少应该事先跟她商量一下。短短时间内，她除了说公司的事，我提醒了几次她都说没其他的事。而我也认为，应该是这个招聘事件，因为我也经历过的，都是些小破事，但是会让人感觉到不受重用啊，或者表面上信任，实际又是一回事！

那么，这到底是一个什么样的梦境呢？下面我们来详细分析。

这是一个有趣的鬼梦，关于鬼梦的原理以及为什么艺人特别容易做鬼梦，在这里我不想多说，将专题论述。因此，下面我们并不是从鬼梦的角度而是从潜意识的角度来论述这个午休时做的梦。

从潜意识的角度来看，这个梦具有三个象征意义的情境。第一个是梦女感觉到新同事赵趁着自己睡着的时候在翻自己的包，而梦女意识到自己包里面还有很多钱。第二个是这时候梦女想动，但是双手枕在头上一动也动不了，梦女还记起手机就在身边，于是想伸手去拿。第三个就是梦女感觉到新同事赵走过来了，并且走到了她的头后面，梦女想转过头去看他，但是却看不到，这时候梦女心中有害怕的感觉。

这个梦最关键的就是这三个镜头，而正是这三个镜头形象地表达了梦女在这个时期的职场心态。我们详细来看。

第一个镜头，表达的是新同事赵对梦女领地的侵犯。因为公司原来的招聘工作是由梦女来做的，但是公司黎总又找来了一个新同事赵，由他们两个一起招聘，这等于是剥夺了梦女一部分的工作。这还不算，这个赵来了之后，还积极工作，也不管公司需要不需要，拼命地在为公司招聘人员，而将梦女晾到了一边。这种状态，就已经不是侵犯领地的感觉了，对于梦女来说，无异于抢她的工作。因此，在梦境中就表现为赵不仅翻她的包（侵犯领地和隐私），而且想拿她的钱（抢她的饭碗）。这一梦境是梦女对新同事赵的出现的反应。

在这种状况下，梦女曾经找公司老板黎总理论过，但是没有结果，因此，梦女有种无助的感觉，觉得自己无法改变这种状况，也无处诉说（通过前面的对话我们可以很清晰地了解这点）。于是，这种感觉就体现在梦境的第二个镜头上，她双手不能动弹，表达一种职场无助感，而想打电话，表达了一种想倾诉的内心诉求，但是都不能做到。

第三个镜头，新同事赵来到了她的头后面，她想转头去看却转不了，因此有种害怕的感觉。这一感觉，是前面两种感觉的自然延伸——新同事赵侵犯了自己的领地，抢了自己的饭碗，但是自己却无能为力，也无处诉说。因此，她对这件事情无法把握，有种自己在明而新同事赵在暗的感觉，不由自主地产生一种恐惧感。这就是第三个镜头所要表达的内容。

这个梦，正是梦女与新同事赵在职场敌对态度下的产物。这样看来，基本上可以对这个梦下结论了：这个梦是由工作上的不顺心及老总对自己的不尊重触发的，而梦境是完全针对竞争对手赵的——梦女觉得他侵犯了自己的领地，抢走了自己的饭碗并且给自己带来了不安感。而晚上裸体的梦，则源于梦女与黎总之间的工作摩擦，并让她有一种失去了职场尊严的心态。虽然梦女做了大量的努力想要改变这种状态，但是似乎黎总根本听不进去或者根本不愿意听，让梦女感觉到职场之路受阻——尊严受挫以及沟通受挫，这是梦女在此时的职场中遇到的两个困境。

透过这个梦境我们看到，职场风水轮流转，阳光不会一直照耀在你的头上，当你处于职场失势状态时，你的心态、态度、行为其实决定你是否有再一次重新崛起的机会。不要因为职场一时的失势而影响自己的情绪，甚至怨天尤人，而是应该用一种淡然的心态面对这一切，冷静地分析问题出在哪里，原因是什么。有时候只是上司的无意行为，但由于自己的过度敏感，才感到失意。即使是上司对你有看法，也不要轻易乱了方寸，而是应该以一种成熟的态度来面对，仍然保持职业化，积极协助相关工作。

其实，有时候工作的失意是上司为了考验你的有意安排，目的就是看看在逆境中你的承受力和担当力。因为只有经历过逆境考验的人，才是真正成熟的人，才会在另一轮的职场风云变幻中重新站起来。

六 职场政治之面对态度

——此处不留爷，自有留爷处

职场政治无处不在。有人的地方就有江湖，这个江湖，其实就是政治。所谓政治，其实就是权利与利益的得失，是一种为了维护自身利益而寻求的一种联盟和保护，是人类这类高级动物的社会性行为。

既然职场政治无处不在，我们也用不着回避，要坦然面对。然而，职场政治也不能介入太深，因为一旦深陷其中，就难以全身而退，最终结局不是悲惨就是落魄。因此，要有一种超然的态度，要树立自己的底线和基本原则。触碰了这个底线，就不要因为利益关系而瞻前顾后，患得患失，而要立场鲜明，态度坚定。你的任何妥协都是为了后面的利益，而当你的基本权益都难以保障的时候，未来的那些所谓的利益其实都是不存在的。一旦你成为一个可以任人拿捏的软柿子时，你的政治地位就不保了，你的权益也就难以保障。

所以，不要被眼前和未来利益诱惑，要摆出一副"此处不留爷，自有留爷处"的态势，也要有这样的心理准备。一旦发现公司或老板已经失去基本的诚信，或者说，整个公司政治已经乌烟瘴气，完全没有公理可言的时候，你就必须果断地作出决定，因为你最不应该浪费的就是时间。

1．为什么要离开——职场政治之跟人站队

职场政治第一原则就是跟对人站对队，这有时候比能力等其他因素更重要。如果你会做人，人缘好，这时候就会有老员工过来提点，将职场政治的状况告诉你。但是，如果你不懂职场人际关系，孤芳自赏、独来独往，即使你才高八斗，你也会发现自己经常功亏一篑，无法出头。你只有了解了职场政治态势，才能够选择跟什么人站什么队。当然，跟人站队风险也是很大的，但是不跟人站队风险更大，所谓最大的风险是没有风险——因为不跟人站队，你永远进入不了职场核心。

这是一位企业中高级管理人员给我发来的邮件：

昨天晚上，我的笔记本长时间没有清理变得上网速度很慢，于是，男友帮我清理笔记本。清理的过程中，我们一起看了我在前单位时的联欢会片段，男友感叹说：“看得出来，你在那家公司很开心，那里好像到处都是你的朋友。那也是一家很有企业文化的公司呀，为什么要离开呢？”

“为什么要离开呢”这句话我自然有答案，但是，当时没有解释。只不过带着这句话睡了觉，于是，晚上做了如下的梦。

我梦见爷爷的忌日，我们全家去拜祭。这时，我和妹妹冰突然说道：“爷爷到底是不是真的去世了呀，到目前为止我们并没有真正见到遗体火化的过程呀？”另一个妹妹莹走过来说：“要不把骨灰盒打开来看看吧！”

我们三个人互相看着对方，这是一个大胆的提议。

这时冰的妈妈把骨灰盒拿了过来，那是一个很大的坛子，只见她从里面掏出一个很可怕的骷髅头，我和冰吓得往后退了两步，不敢看，但又很想知道答案。这时，莹跑了过去，探头看了看，说：“这也看不出来就是爷爷呀！”这时，我姑姑和我妈都说：“虽然有些变形了，但是，确实就是你爷爷。”

她们又把那个“头”放回原处，然后封了起来。

我们继续给爷爷上香。

也许，爷爷真的离开我们了，我有点儿伤感!

醒来后我就想，这是一个什么样的梦呢？看来这是一个典型的关联联想的梦，因为男友问我为什么离开公司时，我产生了另外一个联想：爷爷为什么离开了我们？白天的时候，看了梦侦探的博客，是写亲人去世的梦的，再加上妹妹冰也回到了武汉，于是梦里变成了一家人在一起，只是差了爷爷。也许，这是我心里最大的遗憾!

梦女的分析对吗？应该说有一定的道理。但是，这个分析找出了梦境的本质含义了吗？看来似乎不够。

我们看到，因为男友一句“为什么要离开”引发了梦女的思绪，但是，这个思绪怎么一下子又转到爷爷那里去了呢？离开公司跟爷爷离世是风马牛不相及的事情，那有什么关系呢？真的是因为一家团聚独缺爷爷所导致的吗？看来问题没有这么简单。

从梦女的描述我们知道，梦女对爷爷怀有深厚的感情，即使爷爷已经去世多年，梦女仍然不相信这是真的，最后要看到骷髅头才能够确信。这表面上看似乎是梦女对爷爷离去的思念，但是实际上却与梦女“为什么离开原公司”相关联，这至少表达了两个方面的含义：第一，在原公司可能存在那么一个人，其在职场上的地位就如同梦女爷爷的地位，是一个令梦女依赖的人，因为一说到“为什么离开”这个话题，梦女立刻就联想到了爷爷。第二，这个人与爷爷一样，已经“离开了”，这里的“离开”，可能又有两个方面的含义——一是“死了”，不见得是生理意义上的死，而是心理意义上的死，也就是说，梦女对另一个人依赖的心理已经死了，如同已经离去的爷爷一样。二是确实“离开”了，也就是说，有一个梦女依赖的人离开了原公司，所以，梦女也就觉得没有再待在那里的必要了，因为再待下去自己也无法成长了。也许，这才是梦女离开原公司的真正原因。

梦女在最后感叹道一家人在一起，只是差了爷爷，是她心里最大的遗憾！这可能表达的是梦女与原来公司的职场引路人如家人般的关系，而现在，“家人”已经离开了，自己待在那里还有什么意义呢？

这就是职场政治之跟人站队，梦女因为跟对了人，站对了队，所以一路走来十分顺利，自己也获得了较快的成长。然而，世上没有不散的宴席，当职场引路人离开公司的时候，也就到了梦女跳槽的一天——这就是职场政治之跟人站队的风险。当然，在此之前，梦女已经从中得到了成长。

2. 另类死亡——职场政治之借刀杀人

职场政治中经常存在的现象就是借刀杀人，不仅老板会利用职业经理人之间的矛盾借刀杀人，职业经理人也会利用老板借刀杀人除掉自己职场上的障碍。对于当事人来说借刀杀人比直接冲突要有利得多，因为这样可以令当事人置身事外，而且不动声色，毫无察觉。因此，在职场中要对这一手法特别谨慎，尤其是对那种阴险毒辣、平时不吭不哈或者老是笑脸迎人的人要格外注意。性情中人鲜有用这种职场政治手法的——他们喜欢正大光明，自己亲自动手。

新年伊始刚上班，一位梦女就在一个晚上做了两个关于死亡的梦。下面是她给我的来信：

春节很快就过去了，明天就要上班了，想着一上班就去辞职。晚上看完《丑女无敌》的完结版以后就睡了。这一夜做了两个梦，每个梦都和死亡有关。

【梦境一】

我梦见我进了一个只有框架的毛坯高楼里，好像是很久以前正在筹备的福州分公司。我看见大家在大厅里设了一个灵堂，里面都是我以前带的队员，于是我问，是谁死了，发生了什么事。里面有一个30多岁的女性（长得像是我以前的队员，和她老公是夫妻档做保险的），那位女性出来说是她的先生。我吓了一跳，说怎么可能呢。她说就是从这楼上摔下去死的，然后顺手一指，我走过去一看，头晕目眩，我的天哪，居然没有防护栏。我差一点儿一滑也掉了下去，有人拉了我一把。这时，我吓醒了。

接着睡，梦也接着做。

【梦境二】

我梦见我们在那个只有框架的大楼里开晨会，结束后我就要走，大家都想送我，我不让他们送。这时，不知道为什么我的外公也在，他要送我，走路还摇摇晃晃的。我很心疼他，但还是让他送了。他送我到电梯口，站得离电梯太近了，我怕他被夹到。后来电梯来了，我上去了，跟他说了再见。

然后电梯就一直下行，我抬头看看电梯上方。突然，我看见外公摔到了电梯顶上，还"轰"的一声响，我吓了一跳，感觉死亡了。电梯还在往下行驶，我又惊醒了。

连做了两个噩梦，吓得好久都没睡着，心里还在想，这样的话，明天早上哪能起来上班呀，反正也不做了，要不明天就请假吧。

梦女给我发了邮件之后，我们之间做了下面的对话。

梦侦探

你的梦你自己应该很清楚的。

梦女

啊？我不知道具体的是什么意思呢。反正和工作有关吧，就是改变吧。

我觉得，也有可能是初五过去没多久，我想起了过世的爷爷，变成了梦里的外公，是吧？

梦侦探

不是。死亡意味着离别。

梦女

那我就不知道了。

梦侦探

第一个梦是你对与公司员工离别的触动。

第二个梦，表达的是你对离开这个公司的种种纠结的情感。

梦女

哦，这样讲很有道理。

我先开除了他们，然后开除自己。虽然说得轻松，但我从来没有亲自开除过人，还是和我一起战斗过的朋友们，一下子七个。然后，我觉得辞职像是做贼一样的心情，因为感觉有点儿对不起董事长。但是，我心里很清楚，人不能感情用事，这个公司不适合我。就是这样。

但是，我从来没有做过死亡的梦，还死了两次，有点儿吓人。

梦侦探

是的，这个梦就是你这种情感的真实表达。

梦女

我第一次吓醒的时候，还给我自己心里暗示这是梦，不要继续做了，可还是做了。

今天我们开年后工作会，我坐在董事长边上，像是做贼一样，因为月底我就要提辞职了。我现在手上有个客户，需求面积比我们本身项目的面积还大，我居然还在想，把这个单子促成，给他一个交代。但是我心里很清楚，继续做下去，真的很累，所以可能是太想这件事了，做了这种梦。

其实，做完以后，我反而很轻松了。

梦侦探

是的，梦中你对外公的那种感觉就象征着对董事长的感觉。

梦女

嗯。不过，人是这样的，我觉得董事长很信任我，我不想辜负这种信任。但是，我想到马上要离开这里，心里就会觉得很轻松。

这就是整个梦境所反映出来的梦女的内心世界。其实，在此之前，也就是春节前，这位梦女还发过一个与此相关的梦给我，梦境是这样的：

【梦境三】

我梦见公司董事会让我裁员，必须选一个，不然大家都得走。我不小心选了我们的工程副总，理由是他人虽然好，但是做事情执行力太差了。他的孩子还是我的堂妹，本来我们的关系很好的，结果她哭着出去了。后来我去找她，在门口拼命地叫她，她不理我。我进屋去，问她为什么不理我，她说我不是她姐姐，为什么要让她爸爸下岗。后来，我从窗户往下看，看见一个戴着墨镜的男人骑着摩托车向上看了过来，我感觉是要追杀我的。但是我分不清他是被我开的人还是让我开别人的人，于是，我跟妹妹说，我们赶快从阳台上逃走。

我们跑到阳台，看见离地面有六楼(梦里是我家里)。我顺着水管往下爬，不知道为什么，堂妹从楼上跳了下来。我当时心里吓一跳，担心她死了。等我爬下来，发现她受伤很严重，我拼命地想抬起她。这时，我看见那个摩托车在六楼用射灯往下扫射。我让妹妹不要出声，她说她好疼呀，还说，姐姐，快过年了，我爸爸不能下岗。我的心突然觉得好痛。如何能逃脱这一次的追杀呢？不能让妹妹再受到伤害了，我当时心里这样想。

这就是梦女临近年底时所做的一个梦，这个梦，表达了她当时的心情。因为公司董事会确实让梦女进行裁员，而且一次要裁员七个人，都是平时很好的同事。这件事情置梦女于不道义的境地，给梦女造成很大的困扰，从而带来很大的焦虑和内心谴责。因此，在梦境中，梦女同样置自己于无法原谅的境地——将堂妹的爸爸裁员了，而且，这还是一个很好的人。

梦境中通过堂妹的痛哭、与自己关系的决裂、跳楼受伤等几个情节的渲染，将梦女内心的自我谴责表现得淋漓尽致——这种伤害很严重，而且是不可原谅的。

这样的内心谴责和压力是心灵无法承受的，因此，心灵必须寻找释放的出路，那就是为自己寻找借口——在现实中是一个职业经理人执行董事会的决定，在梦境中是因为被追杀——都是不得已而为之的啊。

在第三个梦境中，梦女最后的心疼表达了她对做这件事情的真实感受——如何能逃脱这一次的追杀呢？不能让妹妹再受到伤害了——回避责任还是面对良心，这是一个两难的选择。

我们看到，这就是职场政治中常见的借刀杀人，老板总是借职业经理人的手来内部厮杀，而将自己置身事外。被老板借刀杀人的人最终不是被民怨给逼走就是被老板给杀掉，因为总得有个替罪羊。而梦女很明智，选择了自己离开。也许梦女不是出于明智，而是出于内心的愧疚之情，或者说是通过此事对老板和整个公司的运作失去了信心，才准备提出辞职的。

总之，在这件事情上，梦女实际上是被老板利用了。其实，如果梦女足够明智，预料到自己其实也待不长而拒绝这次的裁员，将这件事情推回给老板，估计结局反而会比现在的好。

3．友情的背叛——职场政治之背后一枪

比借刀杀人更卑鄙的是背后一枪。借刀杀人说到底是一种谋略的较量，而背后一枪基本上就是人品问题，是一种人格的卑劣行为了。背后一枪往往来自内部，甚至是来自于自己的朋友、最信任的人。敌人是很难做到背后一枪的，只有朋友才有这个条件。当你为了大家的利益挺身而出时，朋友或者盟友的背后一枪是最令人心痛的。所以到底要不要推荐自己的朋友进公司，或者说，是不是应该发展职场友谊其实是职场中人最应该深思的问题。

一位时尚杂志的80后美女编辑，在某一天发了一个梦给我，并且附带了她自己的分析。下面是她的叙述：

梦里我去了日本，有幸采访到一位非常重要也非常让我尊敬的社会学家。我和他在探讨目前中国文化圈中的一些有意义的文学家。他漫不经心地提到了S，我嘴角挂起一丝微笑，等着他讲述下文。

他说S是一个很敢于直话直说的人，并且他和其他文化学者相比，最大的特点是——这时候我和他几乎同时脱口而出——他关注的是未来！我在内心深表对这位日本社会学家的赞许，因为他的观点和我从来没有对外宣扬过的观点是如此相似。

因为S曾经是我的上司，大约在三年前，我和S有过一段感情，所以当日本社会学家说起S的时候，我才会有补充论证的先决条件。

我和S的感情开始于2008年奥运会期间的深圳，后来于2009年年初在S的安排下我离开深圳来到北京。我与S感情开始的初期，那感觉很美，我们曾真心相爱过。但是一年多后，我们分手了。分手的时间大约是在

2009 年年底，但是感情真正淡下来的时候似乎更早些，是在 2009 年七八月份。我和 S 的这段感情，没有人知晓，因为 S 本人是一个有家室的人。

因此，我依仗着对 S 的了解和判断，继续补充论证和直抒己见：“现在社会还是一个 60 后掌权的社会，80 后仍然受到很大的排挤而不被认可，可是 80 后的势力已经开始缓缓涌出。可能国内很多文化学者目前还不认可 80 后这个特殊群体，但 S 的作品呈现的刚好是很多与 80 后直接相关的思想，也只有他在作品里对 80 后群体这么关注……国内这样的东西还很少，虽然可能他的东西还不足以完善和系统地反映 80 后这代人，但毕竟是一个很新的东西，星星之火可以燎原。”

也许我太专注于与这位社会学家的探讨了，以至于忘记了一直站在旁边听我们俩说话的另一个女孩美美。当我抽出注意力回到周围环境的时候，才意识到她的存在。美美是我和 S 以前的旧同事，她在一旁悻悻地仿佛若有所思地悲笑——凭直觉我意识到她与 S 可能也有着某种暧昧。

进行采访的地方是一座农家院，和我老家奶奶的房子很相似，那曾是我长大的地方。我和社会学家面对面站着，美美站在我们的侧面，她的身后是堂屋的正门。透过门向外望去，看到瓢泼而下的大雨。美美好像有心事，走向了雨中。我并没有着急追出去，相反的，而是和社会学家一起参观他的农家院，因为我觉得当一个人有心事时，并不需要着急追问。

堂屋的背后是厨房，厨房很黑，安静。厨房旁边是炉火堂，一个专门用于天冷时烤火的房间，没有门也没有墙，和厨房连接在一起。奇怪的是，这黝黑的空间里，两头各自打开了一扇门。光从门外射进来，仿佛天堂和地狱的门似的：一个出口，一个进口。一扇门外是农家院的后院，依稀可见斑驳的野草丛生，明显是一个人迹罕至的地方，也许是一片死区；另一扇门通往的是猪圈，依稀可见路面有些脏，是喂猪常常会遗留的猪食，再往前延伸可能是厕所，却也有可能是转角走出农家院的路。

我和这位社会学家寒暄了几句，两人一起走向了雨中。从堂屋走出去，直接走向了大海。我没有穿雨衣，让大雨淋湿自己，仿佛我也有什么心事，可是不方便说。我隐忧着，在大自然中任凭大雨的冲刷……

这时候美美已经在海滩休息，我收拾起自己的情绪，走向她。我并没有开门见山和她说话——她一直一副心事重重的样子，我觉得她可能有难言之隐。

见她一直这样不是办法，于是我直接说道："你和S是不是有过一段感情？"美美完全被我镇住了，她始料未及。冷静了一会儿后，她终于幽幽地承认了这个问题，并开始缓缓道来。

她和S真正开始的时间是在2009年7月份。我心里掠过一丝的伤心，我忍着痛继续问道："怎么开始的呢？"她接着说在深圳，他们俩有一晚情不自禁地发生了关系，于是决定在一起试试。我内心迅速地回忆自己之前和S在一起时的感觉，感到非常痛心。S从来都未曾和我坦白过，如果他一早就能和我说实话，也许我也会一早就不再对他有丝毫的好感，也能一早就走出来开始自己的新生活。我有一种巨大的被欺骗的感觉，感情上受到了伤害。

我的问题问得很有技巧，既不能过于暴露让美美怀疑我之前和S有过故事，又能问出问题的真相。我用反问的方式问了很多细节问题，诸如：你们的约会也在旅途中进行？那也会经常各处飞啦？他给你订机票吧？结果问出机票是以公司的名义出，找丽丽订的票（有意思的是，丽丽是我现在北京的同事，在广告部任职。而美美是我之前在深圳的同事，她一直生活在深圳，两人完全没有关系）。美美现在刚和S结束了这段感情，分手原因不得而知，但是她说，最后分手的时候，钱一分也没有，全部给了奔奔（奔奔也是我北京的同事，资深编辑，和我同样的工作内容，我是助理编辑。刚进圈内时，主要是跟着她一起工作）。

现在来看这些答案，完全错乱，驴唇不对马嘴，但是我想梦境嘛，存在便有意义。

在梦里我其实很能理解美美的心情，可是爱莫能助，有些伤痛始终都需要自己治疗，估计她得有一阵子难受的了。但可以肯定的是，她能获得新生（这一段情节我并没有重点描写，因为越是记录到后面，细节遗失越厉害。但是梦的主旨也越清晰，于是选择性地丢失了一些细节）。

后来醒来，时间是04:40。于是我迅速地记录此梦，防止细节过多遗失。

说实话，现在好困啊！但我还是决定要把我对这个梦的理解写出来。

我确实于前不久去了一趟日本公差，从日本回国后便立即辞职了。辞职的直接原因是薪资和职位没有得到很好的解决；根本原因还是觉得在固有的环境之下很难有所突破，已经不堪忍受公司里各种不公平的机制。杂志社来了一位新同事，离职之前我为她架了一座很好的桥梁。这位同事是我在北京唯一信任的挚友，我的离职和她有很大关系。

内心深处，会掠过一丝对友情的失落，有很多很微妙的工作原因在内。梦里，美美本人没有实际意义，映射的是我的这位好友。重要的是梦里她那一段故事，暗含了职场里的一些风波。

我这是典型的用情场失利来暗喻职场的失利。我想说，职场其实也是某种意义上的情场。很多事发展成一种状况，也并非主人公能完全控制的，而是由很多必然和客观现实联合决定的。

以上就是梦女的梦境和自我分析。我们来看，这是一个很有趣的梦，整个梦境讲的是一段情感风波，但是，梦女却很敏锐地将这一情感风波与自己最近的辞职事件联系起来，并且找到了两个事件之间的联系点——都与自己的闺中密友有关。

梦境中的事件，是自己的闺蜜美美与自己的男朋友之间有一段隐秘的地下情，虽然已经与前男友分手，但是看得出来梦女对前男友是非常仰慕的，即使分手了也倍加赞赏。然而，随着梦境的发展，梦女察觉到前男友与自己的分手与闺蜜美美的介入有关，这让梦女有一种巨大的被欺骗感，觉得感情上受到了伤害。对于梦女来说，分手并不重要，重要的是大家曾经真心相爱过，当爱已经消逝时，分手是理所当然的事情。然而，如果这种分手是一个阴谋，那就是另外一件事了，这是梦女所不能接受的。至于最后美美提到分手费一分也没有，全部给了另一个与此毫无关系的人奔奔，这一段有着深刻的寓意，我们下面再说。

那么，梦女又是如何将这一情感波折与现实生活中的事情联系起来的呢？第一，梦境是去日本，而梦女正在前不久去过。第二，梦女与日本社会学家讨论的话题虽然是梦女所崇敬的前男友 S，但是，话题的中心还是“60 后掌权还是 80 后掌权”的问题。梦女认为“80 后仍然受到很大的排挤而不被认可，可是 80 后的势力已经开始缓缓涌出”，这表达了梦女某种受压抑的情绪，一种在职场郁郁不得志的压抑情绪。而梦女所赞赏的前男友 S 最被梦女看重的是：“他关注的是未来”，与其说前男友 S 关注的是未来，还不如说这正是梦女目前最关注的问题：未来！

我们再来看梦女职场上发生了什么事情。梦女最近辞职，辞职的直接原因是薪资和职位。这就是梦境中所讨论的“60 后掌权还是 80 后掌权”的问题，梦女感觉到自己的能力被低估了，无法在单位获得话语权，无法施展自己的才华，所以“不堪忍受公司里各种不公平的机制”。但是，更主要的原因还是“觉得在固有的环境之下很难有所突破”，因为梦女“关注的是未来”——为了自己未来的发展而辞职。

此次辞职事件真的就那么简单吗？为什么梦女会想到梦境中的情感事件其实是辞职事件呢？梦女辞职之前，原杂志社来了一位新同事，梦女对此的描述是：“是我在北京唯一信任的挚友”。正是因为这种关系，所以“离职之前我为她架了一座很好的桥梁”，然而这样做梦女得到什么好处了？从梦女的描述来看，不仅没有任何好处，而且直接导致了梦女的离职——“我的离职和她有很大关系”。

梦女的离职与她有什么关系呢？可能出于某种忌讳，梦女并没有说明白。不过，梦女的内心感触给了我们足够的信息——“内心深处，会掠过一丝对友情的失落”。从这种感触来看，虽然“有很多很微妙的工作原因在内”，但是，最根本的原因可能还是与友情的背叛有关。因此，梦女在梦醒之后首先想到的就是——“梦里，美美本人没有实际意义，映射的是我的这位好友。重要的是梦里她那一段故事，暗含了职场里的一些风波”。这已经非常明显地透露出了这一职场事件的真实原因，与情感风波无关，但是与友情背叛有关。

而且，我们看到梦女痛心的还不止于此。前面提到的某一个情节更是可以让我们对整个事件管中窥豹。那就是梦境中最后美美提到分手费一分也没有，全部给了另一个与此毫无关系的人奔奔。这就寓意着，在这一职场风波中，好友可能也是做了枪手，并没有得到任何好处，而是“鹬蚌相争，渔翁得利”——一个在职场中隐藏得更深的人在整个事件中获得了最大的利益。

有意思吧，这样一个表面上看起来完全是情感风波的梦境，竟然表达的是职场斗争，这两者之间最关键的联系点——友情的背叛。

4. 懒得陪你玩——职场政治之装疯卖傻

职场政治除了“攻”的策略，还有“守”的策略，最常用的“守”策就是装疯卖傻。装疯卖傻确实是职场政治中很特别的一招，当你看透局势而不愿意深陷其中时，你完全可以通过这招来远离是非纷争。然而，装疯卖傻不是一般人可以做到的，这需要非常成熟的人格和非常强悍的忍受能力，因为你必须在表面上把所有的人格尊严抛诸脑后，任人揉捏，非常人所能做到。没有深厚的修养和功底，不要轻易尝试。

一位来自著名心理杂志社的美女编辑做了一个梦，梦境如下：

我和同事一起出去逛街，我办了一张麦当劳的优惠卡。然后我们成了在校学生，回到学校，站在女生宿舍楼下，我和同事开玩笑说这张卡除了用来打折，还可以用来砸窗户玻璃。同事就笑，然后拿着那张卡往天上一扔，结果没承想真的把二楼玻璃砸出一个小洞来。我们俩拉着手赶紧往宿舍楼里跑，一会儿来了一群学生会检查纪律的人（我们那时候的大学学生会已经不是为学生说话和服务的了，都成了学校领导的走狗），我们以为是要追究砸玻璃的事，结果他们是要查我们的饭卡，防止我们不去食堂吃饭影响食堂赢利。

查完，我们就去食堂吃饭。一人要了一份炒饭一份菜，然后要了两杯饮料，一杯酸梅汤，一杯红茶。我喝了一口酸梅汤，同事说她只喜欢喝奶茶，不喜欢红茶。我说我都无所谓，要不我们就换一下，只要你不嫌弃。她说那就换一下吧。吃饭的时候，她问我玻璃砸了怎么办。我说如果有人问，你就当做不知道这事，他们会去查这张卡，会查出我的信息，我担着就是了。她说那多对不起你啊，是我砸的。我说，反正主意是我出的，卡也是我的，他们一定会查到我这里，何苦两个人一起被卷进去。

然后我们吃完饭出去上课，外面阴雨蒙蒙的，一个大水洼和布满乌云的天连在了一起，水面上倒映出天空的样子。我们站在那里看了很久，我说这就是水天一色了。她说我们找个高的地方，一会儿可能会被水淹了。我们往一处高的地方走，周围的人也都往那个地方聚集。然后天空忽然开始雷电交加，接着就是瓢泼大雨。同事说洪水马上就要来了，最近总是这样，我们赶紧离开这里。说着我们就一起往更高的一个屋顶跑，后面的洪水就追来了，很快就淹没了我们刚才站着说话的地方。我们站到一栋楼的楼顶平台上，下面洪水泛滥。我看着水面想，如果我游泳游得好，我就游回家去，真不想站在这样一个"孤岛"上。

平台上有很多人，平台两边各有几排像看台一样的椅子，上面稀稀疏疏坐着几个人。同事说我们也去上面找个位置坐着吧，于是我们就上去找了个座位，但是我感觉那里太高了，坐着很不舒服，于是就又下来了。下来之后我发现钱包落在刚才的座位上了，刚想回去拿，一个男人跟了上来，问我刚才坐那里没有。我感觉他要绑架我们，于是说是，但是我们不喜欢坐在那里。他冷笑一声说，你以为你想坐就坐想走就走？我故作冷静地指指我坐过的那个座位说，你看到那个钱包了吗？你只要把里面的证件给我，其他的都可以留下……还没说完，我就感觉他要来抓我们了，所以我拉着同事赶紧往另一个方向猛跑。对面没有看台，只有密密麻麻一堆人，我想挤进人群躲起来，总感觉那个男人锲而不舍地在后面追。我一下想起刚才我们去找座位的时候，几个人在看台下面说看台上的人看着不像好东西，所以不去坐。我有点儿后悔去招惹他们了。

我忽然明白了，原来每次洪水暴发，都有一些人等在楼顶上，看一些不明真相的人聚集来。等高台变成孤岛，他们把人群组织起来，并且分成两派，互相攻击。只因乱世无聊、颓废，他们找个事做，倒霉的是我们这些无辜被利用和伤害的人。我更加觉得很伤感、悲壮，不想加入任何一方，我压根儿不想玩这个无聊的游戏，就像电影《大逃杀》一样。可是眼下必须先逃脱那个男人，而我打算逃到的这一方至少是所有人都站在一起，没有什么特别让人讨厌的首领，规则比对面那个还强点儿。

下一个镜头，我成了俘虏，站在角落里看一群人演戏，也不知道自己究竟是在哪一方，反正两派处于战争中。但是休战的时候，两派就各自排演话剧，让自己人看着解闷。我看着那群本来是来逃难的人，那么投入地融进这场无聊的战争，为他们感到悲哀。我心里想的是，洪水一旦退去，我就回家。为了不让自己像周围人一样忘记外面的世界，我努力不让自己融入他们现在进行的一切活动中，我装作受到了惊吓已经变傻了的样子站在那里，这样就没有人要求我去做这做那了。我低着头蹲在篝火前，忽然一个士兵让我去演戏，有个角色就是个傻子，最适合我演。我正想着不打仗，只演戏，而且是“本色”演出，要不要演呢，就醒了。

从梦女做梦当天生活轨迹和感受一览表来看，当天的主要事件有：

1. 上午交特刊稿子，感觉稿子做得不好。有点儿心悸，因为凌晨3点才睡，头晕，很怕下午头疼。

2. 下午和同事去一个变形金刚店里和老板聊了聊天，说到了水晶、脉轮、宗萨蒋扬钦哲仁波切什么的。

3. 和心理咨询师预约要作咨询，感觉最近和读者互动特别不耐烦，不喜欢人多的地方，只想自己待着。太困了，精神不好，然后就回到家里睡过去了。

4. 傍晚时睡得天昏地暗，起来后脑子特不清醒。不过想起来单位有个东西忘了拿，就出门坐公交车。发现以前停运的19路重新开了，于是刷卡上车，结果上演了一出公交车惊魂记。

具体情况如下。

上车发现19路路线完全变了，一直往郊区开，路两边变得越来越荒凉，连个鬼影也没有。车里的人也特别少，还偶尔往车厢里洒雨点，那时大概是晚上8点多吧。我还咬了咬大拇指，看了看自己的手，能看清是几个手指头，确定不是在做梦，心里特别害怕。最后车上只剩我一个人了，我想起小时候看的一个故事，一辆坠入悬崖的公共汽车……和当时的情景一模一样，车一直往西开，路过一个废弃的工地，我都快吓傻了。车到了终点站，荒郊野外的，司机赶我下车，我说我坐你这趟车返程不行吗？女司机说我不返程了，你等另一辆吧。我下了车，周围是一片荒地，不过我反而不像在车上那么怕了。远远看到来了一辆车，正好是返程的19路，我就上去了。

5. 到了单位后看到好朋友给我留言，她平时不找我，这回应该是有事。我就给她回电话，她说8号领了结婚证，可是领证之前怀孕了，被爸爸骂了一通。她老公说没准备好，希望她把孩子打掉，她觉得很委屈，想要这个孩子，可是感觉没有人喜欢孩子。我安慰了她好久，让她不要冲动，先把自己的感受和老公说说。

6. 回到家后和我老公说了坐公交车的事，老公笑着说你不会是遇到鬼了吧？临睡前看了《少有人走的路：心智成熟的旅程》，觉得还是看书舒服，和人交往真麻烦。

以上就是梦女提供的信息。从当天的经历及梦境情节来看，我们似乎看不到什么联系，只是能隐隐约约感觉到某种情绪上的关联，如白天曾经出现的心悸、恐惧、烦闷的情绪，在梦境中有所体现，但是总体关联度并不大。因此，我们必须将视野变得更宽广，继续寻找梦境的渊源。

我又让梦女提供过去一段时间的情况，梦女讲了三件事情。

1. 最近一段时间以来都在准备一期给入学儿童家长看的特刊，感觉自己工作不在状态，充满焦虑。

2. 我以个人名义组织的周末亲子聚会是为了让父母和孩子能一起聊天，以便搜集做文章的话题。但是活动部把周末的这项活动接过去，把内容搞得特别丰富，聊天倒成了其次，让我兴趣大减，如果不是为了稿子内容，我真没兴趣陪他们玩。而且参与的家长都以为活动是我组织的，让我很忐忑，我不想抢活动部同事的风头。同事也觉得我再过多参与活动就成了活动部打杂的，最好早点儿脱身。

第一次活动，我组织，我写；第二次活动，我组织，我写；上周第三次活动，活动部组织，我写，主编说我写得不好，照片拍得也不好，不知道是不是在帮我脱身，反正她在办公室把我大肆痛批一顿；这周第四次活动，活动部组织，我把拍照报道的杂活全交了，无谓的纠结暂时告一段落。

其实我很不想干这个活，因为他们的活动太热闹，和家长孩子都没有什么言语沟通，也没有话题可写，可是如果不写，我也担心他们不高兴，因为我自己的活动都写了。这些破事、杂事、小事，不好好处理还不行——我什么时候变得这么琐碎了？

3. 最近很不喜欢坐班，觉得身边有人就很烦，总想自己待着。《圣经·旧约·创世记》第11章宣称，当时人类联合起来兴建希望能通往天堂的高塔。

为了阻止人类的计划，上帝让人类说不同的语言，使人类相互之间不能沟通，计划因此失败，人类自此各散东西。塔罗牌里的“塔”，指的就是巴别塔。我喜欢大阿尔克纳里面每张牌的牌面解释和延展含义，以及相关的神话传说，尤其是这个“塔”。

人们玩弄政治，玩弄法律，玩弄权术，玩弄潜规则，玩弄着令自己沾沾自喜的一切，这都没有什么。最令上帝不能容忍的是人类的自以为是，这些无聊的玩意儿在上帝看来毫无意义，人类却试图将其捧到上帝的面前卖弄。于是上帝让人说不一样的语言，让人与人之间误解争吵，让人们在这样的游戏中精疲力竭，这是惩罚，也是警告。有些你孜孜以求的目标其实无聊至极，这暗示人类：你们在同一个世界上生活，总以为联合起来就具有巨大的力量，可以达成一切疯狂的愿望，可是如果你们每个人自己的心是茫然而蒙昧的，那么你们的愿望也是荒诞的。在通过从众获得力量之前，请先让自己明心见性吧。

这就是梦女对过去事件的回顾。我们看到了纠结的情绪，也发现了一些端倪。看来是围绕着梦女发起的亲子活动产生的一系列问题。首先是谁组织的问题，因为由梦女发起，所以梦女自己来组织。但是杂志社又有一个活动部，这些事情本来应该由活动部来管，这就涉及了很微妙的部门间关系的问题。其次，活动主题如何引导和控制，梦女希望多聊天以获取话题，而活动部则将之搞成了亲子活动，注重活动而舍弃了内容主题。最后，每次活动需要拍照写报道，到底由谁来写，怎么写，突出什么样的主题，也有不同的看法。所有这些都对梦女产生了困扰，令梦女陷入到纠结的状态中。

我们看到，梦女还专门写了一段文字，来表述自己这种“最近很不喜欢坐班，觉得身边有人就很烦，总想自己待着”情绪产生的原因。梦女将之归结为沟通的不畅，借用《圣经·旧约·创世纪》里建巴别塔的事件表达梦女的一种厌烦情绪。而这种厌烦情绪，却正是源于现实问题的纠缠和梦女内心的纠结。

除此之外，未来还有什么事令梦女忧虑吗？我们再来看梦女提供的未来事件表。

1. 接下来我想以个人名义组织一些聚会类的小活动，只为了多和家长孩子沟通。目的不是宣传杂志，不是赢利，只为了做好杂志内容。但是最开始组织的人气都被活动部接走了，一切又要重新开始，而且我也担心会不会和他们的活动有冲突，所以具体如何实施要重新策划。

2. “漂流本活动”已经开始了，最初活动细则没弄好，中间出了一点儿小纰漏，本子传回了编辑部，让我很生气。我整理好活动细则，要求参与的读者必须按规矩来，否则就别玩。一切理顺了，感觉很好。开始太重视人气了，报名的人很多，但是都不认真，所以接下来我会更重视质量，对参与者会要求严格一些。

3. 和主任聊“收视率是万恶之源”这个话题。人气这个东西，通过纵容恶趣味总会得到，可是媒体还有别的职责。活动部的活动是用来积聚人气的，而我的活动，绝对不纵容人的恶趣味，我宁肯曲高和寡，也要保持我的理想主义。因为我不是活动部的人，我是编辑部的人，杂志内容才是我们的工作。主任和我想的一样。总以为自己明晰了，等做了之后才发现有那么多需要改进的地方，慢慢来吧。

最后，我让梦女对梦境中的人物与事物进行联想，梦女是这样进行关联的：

1. 平台上装老大的男人——代表无聊，或者是把无聊的事搞得津津有味的人。对于这样的人，觉得讨厌，不想和他玩。

2. 洪水——代表命运，人无法决定自己在哪些人群中生活，命运把人分成一群一群的。

3. 楼顶平台——代表人所处的环境，是命运给人安排的一个生活环境。

4. 戏台——除了钩心斗角就是戴着面具表演，而且还和真事似的。我宁肯做局外人，做傻子，别把我拉进去。

5. 阴天、暴雨——和最近的台风“梅花”有关，当天也是阴雨不断。

将所有这些信息都分析过之后，梦境的真相也就跃然纸上了。下面我们来具体分析。

【梦境第一段】

在这一段里，办了一张优惠卡，意味着可以享受到一些好处，什么好处呢？其实就是梦女组织活动的好处，因为可以借着组织活动跟家长和孩子们聊天，从而获得一些话题内容。但是，搞这个活动其实也是有利有弊的，因为会导致一些矛盾，打破一些约定俗成的规矩。“还可以用来砸窗户玻璃”意味着打破某种关系，如部门与部门之间的关系或者藩篱。然而，在不经意间，也就是在梦女并非有意而为之的状况下，确实就捅出了娄子——“结果没承想真的把二楼玻璃砸出一个小洞来”。这就是梦女在组织这次活动时与活动部之间芥蒂的真实写照。

梦女对这一事件有点儿担心，有回避心理——“赶紧往宿舍楼里跑”。

但后来发现问题并不是自己想象中的那么严重，因为上面并不关心这类事情，关心的是是否影响杂志收益——“我们以为是要追究砸玻璃的事，结果他们是要查我们的饭卡，防止我们不去食堂吃饭影响食堂赢利”。这句话的意思是如果不能为杂志带来收益才是真正砸自己的饭碗，其他问题并不重要。

【梦境第二段】

这一段刚开始讲到了交换饮料的问题，我们可以理解为梦女组织这次活动的交换，因为活动本来应该由活动部来组织，但是梦女主动担当了这一任务，相当于将别人的责任扛了过来。梦女其实觉得无所谓，自己能够做到，只要对方（活动部）没有意见就行。这是梦女对组织这类活动的态度。

接下来同事又问到砸玻璃的事情，怕担责任，梦女这时候很讲义气，让同事不用担心，一切事情自己来扛。这可能源于在这次活动中还有另外的人牵扯进来，那人会有点儿担心活动部对自己有意见，但是梦女表达了一人做事一人当的态度，安慰了对方。这人可能是梦女的同事或者上级。

【梦境第三段】

梦境的刚开始是“水天一色”的景象，但这里的“水天一色”并非我们平时所说的那种美景，而是布满乌云的天空和大水洼，在这里表达的是一种混沌的状况，也就是搞不清楚情况的状况。这仍然是梦女对组织这次活动所产生的看法，觉得搅在里面一片混沌怎么也说不清楚。

然后就是电闪雷鸣，瓢泼大雨，这既是现实天气情况在梦境中的再现，也是这次活动带来的一些压力和烦恼。这令梦女不得不逃避，最后躲到一个“孤岛”上，表明了梦女当时的境地，让她觉得孤立无援，所以特别渴望回家，也就是寻找到精神支柱。

【梦境第四段】

梦女本来是想在下面坐的，但是在同事带动下坐到了上面，后来梦女感觉到上面太高了，坐着不舒服，于是又下来了。这一段表达的是梦女一连串的心理变化，本来只是想做个参与者，结果最后变成了组织者。但是组织者又不是那么好当的，梦女不习惯做这样的事情，于是又想不做了。

事情可不这么简单，一方面要损失金钱——“下来之后我发现钱包落在刚才的座位上了”；另一方面还惹出来了麻烦——碰到一个很不友好的男人逼问梦女。这一段形象地表达了梦女在组织整个活动过程中的情形。所谓钱包丢了，是因为梦女组织活动拍照写稿等，是有稿费的，但是如果不组织不写稿了，就没有稿费。所谓的麻烦，就是在组织这个活动时与活动部之间的一些摩擦和冲突，让梦女觉得惹事上身了，想要摆脱还没有那么容易。

即使这样，梦女也愿意放弃金钱收入摆脱此事——“我故作冷静地指指我坐过的那个座位说，你看到那个钱包了吗？你只要把里面的证件给我，其他的都可以留下……”这表明的是梦女宁愿不要稿费也不愿意再掺和这档子事情了。但是我们看到，即便梦女想这样，但仍然难以摆脱——“总感觉那个男人锲而不舍地在后面追我”。这时候令梦女回想起一件事情——“我一下想起刚才我们去找座位的时候，几个人在看台下面说看台上的人看着不像好东西，所以不去坐。我有点儿后悔去招惹他们。”表明梦女在刚开始接手这一活动时，周围一定有人劝告过梦女不要去惹这档子事，因为会很麻烦。但是梦女当时为了工作没有听进去这一意见，而梦女现在想起来，就有一种悔不当初的感觉。

【梦境第五段】

这一段是梦女的自省，可能源于活动中有很多无聊或无关的人掺和进来，到处惹是生非，让梦女心生倦意，非常厌烦。这种情况下，梦女最希望的还是先摆脱这一事件的纠缠，先把活动的所有工作交出去再说，其他的事情以后再处理。

【梦境第六段】

在梦境中成了俘虏，意味着梦女放弃了跟这帮人的纠缠，将自己置身事外，以一个旁观者的心态来面对，努力不让自己融入到这一切无聊的事情中去。这是梦女“惹不起躲得起”心态的写照。

即使梦女想这样，但其实是无处可逃的。怎么办？梦女的策略就是做“傻子”，不愿意去演这种无聊的戏。在这里，无聊的戏应该是梦女认为的毫无价值的事情以及一些人际之间的钩心斗角，与杂志内容和编辑无关。梦女只希望做好自己的本职工作，其他的事情，她不愿意再去理会。

但是，梦女始终是逃脱不了的，即使是傻子，也始终是舞台上的一个角色，必须履行自己的职责。因此，外部环境仍然要求自己承担这一傻子角色，梦女正在权衡这一选择时从梦中醒过来了。

梦境给我们留下了一个悬念：梦女到底决定演不演这个傻子角色呢？

这个梦，其实就是梦女对职场政治的一种反思，所有的人都搅在里面，就像绞肉机一样，让梦女觉得难以忍受。对于梦女来说，她只希望能够有一个安安静静的环境，让自己做一些有益和有意思的事情，其他的什么利益纷争或者钩心斗角都离自己远远的。但是，这样的愿望能够达成吗？答案是可以的。但是有一个前提条件，那就是做一个傻子——任凭风浪起，稳坐钓鱼台。因此，梦境的最后表达了梦女的这个愿望，就是像傻子一样，你们爱咋地就咋地，自己只关注有意义的事情就是了。

其实这是比较单纯的想法。从梦境来看，以梦女目前的心态要做到这一点是很难的，因为梦女还处于情绪状态。扮傻子只是某种情绪状态下的冲动，而不是一种理性选择。只有在看透情势再选择去扮演傻子的人，才是真正的职场政治高手。

5．通奸焦虑——职场政治之左右逢源

职场政治的最高境界当然是左右逢源啦，谁不愿意呢？哪边都不得罪，哪边都讨好，何乐而不为？然而，有那么容易吗？其实这是最累的一件事情，平衡双方的所有力量都集中在你一人身上，那该有多大的担当才能够承受得起啊！况且这种事总会有穿帮的那一天，到时候，也就是你被双方同时抛弃的那一天，那结局，是多么凄惨啊！其实不用到那一天，在此期间的每一天，都是一种煎熬。

看来2010年注定是不平凡的一年，因为新年伊始，我就收到了四封邮件，都是关于梦境的，而且每一个梦境都很有意思。

下面的这封邮件是一位梦女发来的，我们来看看这是一个怎样的故事。

梦境中，我生活在A城市。有一天，一个朋友开车送我到另一个城市B去和我的一个男性朋友聚会。聚会是在那个朋友的家里，还有他的老婆，此时朋友的老婆已经怀了孕。

当天晚上，玩得很晚了，送我来的那个朋友早就走了，也没有回A城市的车了，于是我住在我那个男性好朋友家里了。不知为何，朋友的老婆回娘家了，我跟朋友两个人在家里吃了饭，聊了很多话。讲着讲着，好像很激动，还哭了，后来不知道为什么我们就发生了关系。

第二天一大早，朋友的老婆回来了。我们很慌，赶紧跑到厕所里躲着。我的身上只披了一条围巾，我的朋友也是衣冠不整。这时，我的朋友说："走，我们上楼，快跑！"于是，我们顺着厕所后面的一个小门上了楼。

楼上有个洗脚城，我的那个朋友问工作人员有没有房间给我们换衣服。

那个工作人员说这里的最低消费是20块钱。我朋友很急地说，管它多少钱，赶快带路。于是我们到一个房间去换衣服。但是，不知道为什么，我们感觉他老婆马上也会到这里来。

于是，我的朋友又拉着我跑回了家里。我们刚一进门，他的老婆就进来了。我说："谢谢你们的款待，我走了！"于是我很心虚地走了出去。其实天色又晚了，根本没有回程的车，但我想待在朋友家说不定会被看出破绽。于是我跑了出来，在小区里面的篮球场上站着，看别人打球。心里在想，今天晚上去哪里过呢？要不要包个的士回城？但是，好像费用很高，而且也不安全。

这时，我的那个朋友也跟着跑了出来，他应该是担心我没有地方去。正在我们准备开口说话时，居然发现他的老婆站在前方的一个小坡上。他老婆问："你们可不可以告诉我到底发生了什么事？我感觉你们两个人有一些不对。"当时，我和我的朋友都傻了。我预感如果再不说些什么，一定会火山爆发的。

于是，我拉起他的老婆跑了起来，把她拉到一个角落里，跟她把事情的前前后后说了一遍——我为什么来这个城市，我和我的朋友是什么关系，所有的事一五一十地告诉了她。但是，我没有告诉她我们发生了关系，只是告诉她，为了不让你猜疑所以没有跟你细说。朋友的老婆似乎很相信，还说，没事，应该早点儿说的。她还让我明早再走，今天继续睡在她家。

我心里轻松了一些，但是，又很担心我的朋友说出来，因为他或许会认为我什么都坦白了。我并不是因为喜欢他才会跟他发生关系，应该是百感交集的情绪促使的。所以，我心里还在想，用什么办法能让我的朋友知道，我说了哪些，哪些是没有说的呢？

这个梦境是元月一号的晚上做的。做梦的前一天，我们的董事长与总裁发生了正面的冲突，一共三次，三次我都在场。他们俩之前是合作关系。

一直以来，他们的性格和观念都不一样，但从来都只是私下较劲，但这一次却公开了。当然所谓的公开，只是当着我一个人的面，其他人都在外面。后来听我们人事的同事说，总裁告诉她，以后招人就要招像我这样正直的。我听了心里有点儿高兴，同时也感觉到可能以后工作更难开展了。

做梦的当天，经朋友介绍见了一个策划公司的负责人，聊工作聊得很投缘。当听到他说男人不一定会跟喜欢的人结婚，有时候缘分就在对面时，突然觉得这种暗示很俗，特别是说自己的老婆不是自己所爱的这种说法。

不过当时觉得我们正在招总经理，眼前这个人各方面的条件还很符合标准，心想公事和私事要分开。可是回去一看，那人的名片上印的是营销总监，却说自己是总经理，就觉得不靠谱了。

以上就是做梦那一两天发生的事。

这是一个怎样的梦境呢？如此神奇而扑朔迷离。是不是梦女还有什么重要的信息没有说出来？一定还有什么隐秘的思想或者经历！

其实，在梦女的这封邮件中，已经把这个梦给解出来了。因为梦境后的说明为我们透露出了整个梦境所要表达的含义。

我们首先来看是什么因素触发了这个梦境的形成。

触发这个梦境的原因很简单，就是梦女与策划公司所谓的负责人的谈话。在这次谈话中，那位负责人给出了一个暧昧的婚外情暗示——“男人不一定会跟喜欢的人结婚，有时候缘分就在对面”。

正是这个暗示，触发了这个梦境的形成。虽然梦女觉得这个暗示很恶俗，但是，不得不承认，这件事情让梦女印象深刻，因为这个暗示直接指向婚外情和越轨行为。

在梦境中，我们看到梦女在为这段越轨行为作辩解时，说到并不是因为喜欢而越轨，而是在某种特定的情境下发生的——“我并不是因为喜欢他才会跟他发生关系，应该是百感交集的情绪促使的。”这其实与梦女的心态转变有关——“不过当时觉得我们正在招总经理，眼前这个人各方面的条件还很符合标准，心想公事和私事要分开。”这一段心态的描述与越轨后的辩解一脉相承。虽然对这种恶俗说法很反感，但是由于工作的原因，还得与他发生关系。当然，这里的关系不是两性关系，而是工作关系。

这两件事情有异曲同工之妙，只是一种为工作关系，另一种为性关系。对潜意识来说，其实二者没有什么区别，都是发生关系。

而且，整个梦境中越轨行为发生得很不靠谱，似乎有点儿说不过去，是一时的冲动。这与邮件最后的说明——“可是回去一看，那人的名片上印的是营销总监，却说自己是总经理，就觉得不靠谱了”也是相关联的。自己为了工作的原因忍住内心的厌恶跟一个似乎有关联的人发生（工作）关系，却发现原来很不靠谱，不知道自己到底在做些什么。

这就是整个梦境的触发点。然而，梦境说的就是这件事情吗？不是，这件事情只是触发梦境的因素，而不是梦境本身要表达的含义。这个梦境要表达的是梦女在这家公司中遇到的尴尬状态。

我们来看。在梦境后面的说明中，梦女讲述了做梦前一天公司发生的事情，然后，她对这种状况进行了说明——“一直以来，他们的性格和观念都不一样，但从来都只是私下较劲，但这一次却公开了。当然所谓的公开，只是当着我一个人的面，其他人都在外面。”在这里还有梦女没说但是我知道的事实，这种状态由来已久。由于梦女在公司中职位仅低于他们俩，这种矛盾状态就导致了她工作开展的难度，因为两个人观点不一致，导致梦女不知道如何执行。

梦女还告诉过我，她其实比较认同总裁的观点。但是由于招聘时是董事长和总裁一起确定的，所以她也不好得罪董事长，于是只能在两个人之间周旋，尽可能地协调他们两个人的观点，让工作能够开展下去。

这样的心态，不正是一种越轨和偷情的心态吗——梦女暗地里站在总裁一边，跟总裁关系很好，但是，表面上还得顾及董事长的脸面，应付好他，不能让他知道自己与总裁的关系。这与越轨和偷情的心态如出一辙。

梦女在梦境中特别说明了，与他发生关系，并不是喜欢他，而是在某种特定的情境下发生的。这就表明了其实梦女也不是完全在情感上站在了总裁这一边，也就是说，这位总裁并没有在人格上征服梦女，而只是由于工作的原因，可能梦女觉得总裁的观点更加符合实际情况或者更加合理些，所以才会站在他这一方。

原来这种关系并没有公开化，但是现在这种冲突已经公开了，而知道的人只有梦女一个人，其实与此有关的也只有梦女一个人，因此，她心里会有一种夹在中间尴尬的感觉，而这与越轨怕被发现的心理活动是一致的。梦女不愿意因为他们的冲突把自己牵涉进去，自然会担心总裁在这个时候拿自己出来说事。

在梦境中，梦女从 A 城市到 B 城市去，表达的是董事长和总裁南辕北辙的现实状态。所谓的聚会，可以说是一场职场盛宴。至于说朋友的老婆怀孕了，可以理解为总裁的计划已经比较周到了，如果落实起来比较容易。也可以理解为梦境想为两个人越轨埋下伏笔，因为怀孕了是她回娘家的理由，从而让整个梦境可以继续发展下去。

接下来就是发生关系的梦境，梦境中提到两个人聊得很激动，这与现实中梦女与策划公司的“总经理”聊得很投契是相关联的，也与梦女平时与总裁聊得很投缘相关联。于是发生了关系，意味着梦女与总裁之间形成了某种默契，即职场中所谓的“是总裁的人”了，大家都心照不宣。而在梦境中，就直接表现为发生了两性关系。

而现在，董事长与总裁发生了冲突，这就意味着梦女与总裁之间的这种暗中关系很有可能暴露出来，因为谁也说不准总裁在激动的时候会不会暴露他们之间的这种默契。在当时的情境下，梦女的潜意识中一定有所担心，所以在梦境中有焦虑情绪。

梦境中还出现——“很慌张，赶紧跑到厕所里躲着。我的身上只披了一条围巾，我的朋友也是衣冠不整”等情节，其实都是董事长与总裁冲突时梦女心理状态的反应，她担心由于他们的冲突导致她与总裁职场关系的曝光。

于是她想尽力掩饰——“我的那个朋友问工作人员，有没有房间给我们换衣服。那个工作人员说这里的最低消费是20块钱。我朋友很急地说，管它多少钱，赶快带路。于是我们到一个房间去换衣服。”这就是说，都什么时候了，不要再斤斤计较了，还是稳住再说。但是，不知道为什么，他们感觉他老婆马上也会追过来。

我们知道董事长与总裁冲突了三次，所以，在这种情况下，梦女一定想过要回避，于是梦境中出现了梦女准备溜走的情境——“谢谢你们的款待，我走了”，于是她很心虚地走了出去。

然而，梦女并没有退路可走，但是留在那里又令自己尴尬，而且很容易被借题发挥。这在梦境中就表现为——“其实天色又晚了，根本没有回程的车。但我想，待在朋友家说不定会被看出破绽。”

所以梦女很茫然，怎么办呢？是继续留在这个公司还是离开呢？梦女在权衡利弊，但是并没有想好——“心里在想，今天晚上去哪里过呢？要不要包个的士回城？但是，好像费用很高，而且也不安全。”

当董事长与总裁发生冲突时，一定有几次话都已经到嘴边了，只要一句话就捅破了这层纸，梦女势必有些紧张，同样是希望不要把自己牵涉进去。这在梦境中表现为——“正在我们准备开口说话时，居然发现他的老婆站在前方的一个小坡上。他老婆问：‘你们可不可以告诉我到底发生了什么事？

我感觉你们两个人有一些不对。’当时，我和我的朋友都傻了。我预感如果再不说些什么，一定会火山爆发的。”

在这样的情况下，梦女一定开始做起了劝说工作，且应该是针对董事长的，她一定安抚了董事长，让他不要那么敏感，自己所做的一切都是出于工作本身，并没有什么情感方面的倾向。如果说与总裁有走得比较近的地方，也是出于工作的目的。因为他是董事长，本来从工作层面上来说就隔了一层，所以有些事情也不便于向他汇报，希望他能够谅解。我对这一段的解读就是源于梦境中梦女对朋友老婆的详细解释，她竭力解释这种关系，为自己开脱。

我们通过梦境应该能知道，现实中董事长接受了这种解释，并没有对梦女产生意见。梦境是这样来传递这个信息的——“朋友的老婆似乎很相信，还说，没事，应该早点儿说的。她还让我明早再走，今天继续睡在她家。”

继续睡在朋友家，就意味着挽留她继续留在公司。在这种状态下，梦女稍微放下了自己的心——“我心里轻松了一些”。但是，问题又来了，劝说了这一边，梦女又担心另一边说错话。所以，梦女又焦虑起来，希望给总裁什么暗示，让他不要把他们之间的关系全部摊到桌边上来说。这在梦境中就表现为——“很担心我的朋友说出来，因为他或许会认为我什么都坦白了。我并不是因为喜欢他才会跟他发生关系，应该是百感交集的情绪促使的。所以，我心里还在想，用什么办法能让我的朋友知道，我说了哪些，哪些是没有说的呢？”

这就是整个梦境所要表达的含义。

一件工作中的冲突，竟然引发出一个越轨的梦境，确实令人匪夷所思。当然，这与梦女在当天与策划公司的所谓总经理的谈话有关，还与另一件事情有关——“后来听我们人事的同事说，总裁告诉她，以后招人就要招像我这样正直的。我听了心里有点儿高兴，同时也感觉到可能以后工作更难开展了。”这一感触，正表达了梦女目前职场中如同偷情一样的尴尬处境——在这左右逢源的关系中，以后如何开展工作呢？

附录：解梦之后的对话

梦侦探

你的梦已经解完了，给你看看。

梦女

你分析得很对，确实就是我现在的心情。

梦侦探

中间的情绪状态也差不多吧？

梦女

我并不想让他们觉得我是和谁一队的，但是，董事长那一边太不靠谱了。总裁那一边，我只是站在工作的立场上觉得是对的，并不是情感上偏向了他，这也是一直困扰我的地方。

董事长因为我拒绝当常务副总的事以后，其实已经不高兴了。现在，安了一个策划总监在我身边。

梦侦探

是的，你梦境中反映的就是这样的心理。

梦女

而总裁跟我说，我是他的助理，只要记得这一点，什么都不用管。其实，哪里能不管呢？搞得我这些日子火气很大，回家老是发脾气，可能是每天上班太累了，是心里累。

梦侦探

这个梦境可谓把你的心理状态表现得淋漓尽致啊。

梦女

确实，我就是想让你帮我看看我的内心戏是什么。其实还是没有答案，就是除了左右为难还是左右为难。

梦侦探

你现在的状态就是这样，你还没有结论。你有点儿患得患失，你在权衡。

梦女

是的。

七 职场跳槽之精心策划

——暗度陈仓，过河拆桥

前面讲的都是卧槽的事，但卧槽并不意味着就不要跳槽。俗语说“树挪死，人挪活”，职位和薪资都是“跳”出来的，而且越跳越高，所以跳槽才会对职场中人有那么大的吸引力。因为想靠着原来单位给你提职加薪，那基本上属于痴心妄想，因此一定要跳槽。

但是，跳槽是一门技术活，天下乌鸦一般黑，也许刚出狼窝又入虎穴，因此，精心策划，作足充分的准备，是跳槽成功的关键。这里要讲到跳槽的两大原则：暗度陈仓和过河拆桥。

你要跳槽了总不能到处嚷嚷吧，万一跳槽不成功，你还待得下去吗？只能灰溜溜自己走人。这就是跳槽第一条要遵守的法则：暗度陈仓。要不动声色地进行跳槽准备，不走漏半点儿风声。

跳槽要遵守的第二条法则就是过河拆桥，所谓过河拆桥是指要过了河再拆桥，不要河还没有过就把桥给拆掉。有些人面试刚过就提出辞职，或者只得到对方口头承诺就提出辞职，殊不知，这离入职还差得很远。大的经济形势变故、公司自身的经营状态变故、公司人事问题的变故都有可能导致跳槽的不成功，而这时，你已经没有退路了。

1. 断桥——河没过，桥就断的焦虑

跳槽首先要做的是骑驴找马，不要先离职再找工作，而应该先找到工作再离职。这样你的心态才能够比较淡定，不至于病急乱投医，最后迫于就业压力胡乱找一个公司，结果肯定不满意。骑驴找马可以令你游刃有余、不慌不忙，慢慢挑到自己喜欢的工作再行动，这样成功的概率就会高很多。

我的一位学生，网名叫做“大不了 C”，她也经常给周围的朋友解梦。下面是她提供给我的一个梦例，我觉得总体而言解得不错，我们来看。

小 A

我做了一个梦，具体是这样的：

我记得我要去一个地方，去的时候，桥是好好的，一座白色的水泥桥。到了地方后，要返回，走到桥那里时，发现桥从中间断了，水从桥中间流过，水势很急。我当时想，桥断了要怎么回去呢，从水里面走回去吗？水势这么大会不会被冲走？

大不了C

昨天发生了一些什么事情？

小 A

昨天，我一直在等公司面试的电话，等得有点儿着急。我问公司的HR（人力资源）和经理，他们都不知道具体的面试时间。我就一直在看资料，顺便等那边的面试电话或通知。另外，昨天我们打算搬到我婆婆那儿去住。就是这两件事。

大不了 C

看来你很在意这次机会。此外，搬到婆婆那里住，你心里怎么想的呢？

小 A

嗯，是啊，我很在意，因为我本身很喜欢那份工作，而且也可以提升一次，多好。

婆婆那边，我是想搬到那里去的，这样我就轻松很多。生活上的事，都不用想了。

大不了 C

你是什么感觉？

小 A

我一直都没在意，中午无聊在网上查了一下周公解梦，有很多种不同的说法，呵呵。

大不了 C

周公解梦都不太准。你自己怎么看你在梦里的情绪？

小 A

1. 在梦里，就是很担心我如果从水里面走，会不会被激流冲回去。

2. 就是桥断了，我怎么才能回去呢？心里焦急怎么回去。

大不了 C

嗯，这种心情你觉得跟你最近生活中的什么事比较像呢？

小 A

不知道，说不上来，从这上面看，和生活的事有关。

大不了 C

应该是一个焦虑的梦，有生活也有工作。你等面试，等得有点儿着急。去婆婆家住，在心里肯定还是想过有好有坏，万一坏了，能再回去吗？所以才会有怕被水冲走了的情节。很焦虑，两个方面的焦虑到一起去了。所以，就做了这个梦。

再加上最近老在发水灾、泥石流，所以你的梦境是以此做背景的。人的小环境会被大环境影响的。

小 A

嗯，我觉得你说得对。

大不了 C

还有一种说法，你认为这一次的竞争是很激烈的，你内心里还是有一些担心，从而有点儿不太自信，不知道怎样处理是最佳的状态。

小 A

嗯，是啊，这个方面是有的。

我毕竟没有系统接触过那块工作，所以在看资料时，一边要看理论，一边要想实际应用，一边又在猜对方会问我哪方面的问题，我怎样回答才算是别人想要的答案。

小 A

我昨天不知道为什么，看着看着，突然很压抑，怎么弄都不舒服。

大不了 C

好在，你的情绪已经释放出来了，没什么压力了。

小 A

嗯，是的是的是的。

我们看到，我的学生大不了 C 抓住了梦境最核心的表征即焦虑，引导梦女小 A 分析自己在现实生活中的状况，最终通过正在求职的工作事件以及正准备搬去跟婆婆一起住这两件事揭开了梦境所要表达的内涵——梦女小 A 对不确定性的未来的焦虑。

我们还看到，梦女在跳槽之前，是先去找单位面试，并没有先辞职，这样虽然对未来的面试结果有些焦虑，但好歹还有退路，所以，不至于造成太大的困扰。

在职场中就是这样，最好的跳槽是骑驴找马，过了河再拆桥。现在单位虽然没有那么好，就像驴子一样，但是，你也不至于要先撇下驴子，那样风险可太大了。慢慢骑着小毛驴，不慌不忙地找马，找不到，继续骑；找到了，立刻丢驴换马，就这么简单。

2. 钩心斗角——“才出虎穴，又入狼窝”的担忧

跳槽时的第二个注意事项是一定要探明对方公司的虚实，不要贸然行动，不要不明就里就去面试。因为面试时无论公司还是你自己，看到的都是对方绚丽的外表，谁也看不清楚真相。这时候就要通过了解该公司的人甚至其公司的“内线”，对公司进行较彻底的了解，这样才能够做到“知己知彼，百战百胜”。

我们前面说过，在职场，员工其实掌握着比老板更大的主动权，但这只是对单一的公司来说。如果我们将员工比成孙悟空，那怎么也跳不出老板这职场如来佛的手心。

因此，员工在准备跳槽重新进行职业选择时，其实同样面临着下一次的风险——你又怎么知道，你这次不是“才出虎穴，又入狼窝”呢？所以，每一个员工对现有公司不满时，一般而言不应立即选择离开，毕竟这里的情况已经熟悉，再坏也坏不到哪里去。如果到一个人生地不熟的新公司，谁知道有什么暗礁陷阱在等着自己呢？

一位梦女做了一个梦，梦境是这样的：

我梦到和一个好朋友去旅行，但地点却是自己所在的这个城市。我们去香格里拉酒店住宿。去的时候人不多，我们就坐在大厅里休息，左边有两个酒店服务生在聊天，右边是服务台。我坐在沙发上问服务台有没有房间，结果在旁边聊天的服务员居然学着我说话，还哈哈大笑，然后就走了。我气死了，问服务台的工作人员那两个人是做什么的，五星级酒店居然有这种工作人员。于是我准备去投诉，服务台工作人员告诉我大堂经理在哪个房间，我顺着她手指的方向看去，隐约看见一群人坐在一起，每人都端

着一个碗在吃饭。梦做到这里我就被吵醒了。

梦女醒来后就把这个梦记下来发给了我，但是她不知道为什么会做这个梦。

我最初对这个梦的主题判断是“恼羞成怒”，因为梦境的内容基本上指向这个主题。在梦境中梦女被人模仿而投诉无门，似乎正是一种恼羞成怒的状态。因为我知道梦女最近刚跟还没有正式确定关系的男友闹崩了，所以我问她是否因为这件事情恼怒不已。

其实在不久前，那位男士确实做了一件让梦女恼怒的事情，梦女被他放了鸽子，当时气得不行。但是，这件事情已经过去有大半个月了，如果跟这件事情有关，那就说明这件事情给梦女造成的影响相当大，梦女至今还没有释怀。那么，我们就不能排除这种可能性。

是什么原因导致这件已经过去了很长时间的事情在梦境中出现的呢？梦女说，对于酒店的出现，可能源于她最近有一个好朋友回来了，打电话告诉她住在某一个著名的五星级酒店。因为城市中有好几家这个品牌的酒店，梦女当时没有搞清楚是在哪里的一家，于是问得比较详细。我们可以这样说，由于找酒店这件事情在梦女的大脑中留下了较深的印记，所以，会在梦境中出现五星级酒店的情节。

虽然朋友住的不是香格里拉，但是，这种联想是很正常的，也许由于某种原因香格里拉在梦女的脑海中留下过深刻印象，或者梦女觉得香格里拉更好记或者觉得更亲近等。

即使出现酒店的情节，又为什么会出现让梦女恼羞成怒的梦境呢？经过深入的咨询，梦女觉得可能与她最近在看一个叫做《宫心计》的电视剧有关。

这部片子讲的是宫廷中的钩心斗角，无所不用其极。这个渊源是成立的。

我们可以设想，梦女在看这个片子的时候，必定会触动她心灵深处的某根神经，让她浮想联翩。再加上大半个月前的那件事情已经回到她的意识层面，让她觉得那次自己被放鸽子的事件可能就是一个阴谋。只要想到这点，梦女可能就会恼怒不已。因此，在这种联想之下，出现了梦境中的那些不愉快情境，是十分顺理成章的事情。

看来这个梦基本上要解开了。

但是，梦女似乎不同意这样的解释。她认为这件事情已经过去大半个月了，她几乎不记得了，应该不会在隔这么久之后跑出来。她倒觉得是看《宫心计》时联想到自己目前的职场生存状态所导致的。

梦女觉得自己目前所在的公司虽然表面上看十分平静，但是，在这种平静之下，却暗藏杀机，并且还经常有一些令人哭笑不得的事情发生。这与《宫心计》中的情节十分相似。因此，在这样的情况下，梦女动了离开公司的念头，并与一家台湾公司进行了接触。

初步的接触感觉很好，但是梦女听周围的朋友说，台湾人太精明了，诡计多端，很难打交道，这让梦女开始犹豫起来。最近，她又与一个朋友聊到这件事，那位朋友用了很客观的一个观点告诉梦女，台湾人虽然很精明，但是，也有值得学习的地方，他们的精明也有好的一面，他们对市场和顾客的研究深度是他人望尘莫及的。这一观点让梦女有点儿茅塞顿开的感觉。

联系到梦境，左边是无聊的服务生，右边是服务台，这似乎暗喻着某一种选择，或者说各有利弊的一种选择。梦女问的是右边的服务台，而左边与此无关的无聊的服务员却出来生事，这与梦女现在的公司的情况似乎有某种相似之处，因为看似平静的外表下经常有人出来无事生非。

而梦境的最后，当梦女想要兴师问罪的时候，却发现一大群人都在端着饭碗吃饭，这一寓意太深刻了。这应该是梦女听了对台湾人评价之后茅塞顿开的感受，也就是说，这些所谓的钩心斗角，这些所谓的职场政治，包括对台湾人的偏见，其实都是为了饭碗，都是为了生存所为。这就是对梦境的一种领悟。

事实上也是，自从与那位朋友谈过之后，梦女对台湾人的印象已经发生了改变，试图去尝试在这个精明的圈子中去寻找自己生存的空间。

梦解到这里，可能各位都有点儿糊涂。这个梦到底是什么原因造成的呢？是职场的领悟还是男朋友的冒犯？说句实话，这个问题真的很难回答，因为这两件事情都与梦境中所要表达的寓意有着某种关联。

对于解梦来说，关键的不是结果，而是过程。通过解梦的过程，做梦者能够唤醒和领悟自己潜意识中被压抑的真实思想，从而对自我有一个更加清醒的认识，这就是一种“开悟”的境界。

到了这种境界，我们是不是能够更有智慧地来面对生活呢？

3．陷阱——边搭桥边过河的困扰

有些人对跳槽一事有点儿迫不及待，因为怕时机丧失，于是就会采取边过河边搭桥的方式，也就是在准备尚不充足的情况下辞职。这样做当然充满风险，然而，人生何处无风险呢？有时候这样的险也是可以冒的。关键是，你要留好退路，也就是在下海冒险的时候留出上岸的退路。

一位充满活力、积极向上的80后梦女，正处于一个事业转折期。她本来在一家大公司做，业务能力很强，并且看准了一个市场空白点，向公司提出建议。然而，大公司有大公司的毛病，新的想法在大公司中是很难实现的。因此，梦女的建议就如石沉大海，没有回音。

于是，这位颇具胆识的梦女决定自己出来干！但是，一开始干才发现，其实事情并不是想象中的那么容易，不光是商业模式和客户资源的问题，光是每天琐碎的事务就令你应接不暇。况且，公司刚开张，只有出没有进，眼看着钱一天天花出去，着急啊。

在这种情况下，梦女启动了备用计划。一家一直想拉她入伙的公司愿意以梦女入股的方式与她合作，那家公司出钱做大股东，梦女以管理入股做小股东，通过绩效考核最终决定梦女的业绩。这样，梦女的情况得到缓解，但是仍然面临着巨大的压力。

在这种情况下，梦女做了一个噩梦。下面是她的叙述：

昨晚我做了一个超级奇怪和恐怖的梦。我到了一个酒吧，里面全都是那种很魁梧的老外。然后我慢慢发现这个酒吧很诡异，有进无出。后来我无意间走到了这个酒吧的后面，里面像《越狱》一样，好多间笼子。那些笼子里的老外不是没手就是没脚，伤口切口都很齐，是那种极细极硬的铁丝割出来的。这个时候又进来很多人都发现了这个地方，他们有的撒腿就跑，但是没跑几步头就掉下来了，要么腿给切掉了。原来前面设置了很多铁丝，不仔细看根本看不出来，把我吓个半死。

这就是全部的梦境。这个梦的主题就是陷阱，一个有进无出的陷阱。

我们来看，梦境的一开始是梦女进入一个酒吧，酒吧意味着什么？酒吧是鱼龙混杂的地方，其实意味着梦女即将进入拼杀的市场，因为市场同样鱼龙混杂，市场的竞争也异常激烈和残酷。梦女辞职孤身进入市场，就犹如独自进入一个未知的酒吧一样，特别是那种灯光阴暗的地下酒吧更是令人有一种毛骨悚然、忐忑不安的感觉，对未来充满疑虑。

进去之后，里面全是很魁梧的老外。这里说明的是梦女认为自己是市场中的闯入者，就像一个外来者一样，自己进入的是陌生的领域，而其中的竞争对手则个个十分强大。这里的梦境很有意思，用一个形象——魁梧的老外，表达了两层寓意：第一，老外是梦女的自我投射，觉得自己是一个外来者；第二，魁梧则是市场竞争对手的投射，表明了他们特别强大。

接下来，梦女发现这个酒吧就是一个陷阱，因为有进无出。这同样是梦女创业之后的感触：第一，每天花钱，但没有进钱，因为创业初期赚钱不容易；第二，梦女发现进入这个市场是个陷阱，只要进来的人，就很难退出去，看来自己误闯龙潭了。

梦境继续，梦女发现酒吧后面是很多笼子，里面关着的都是断手断脚的强悍老外。这一梦境表达了梦女觉得自己进入了一个困局，要想全身而退没有那么容易，你看那些更加强悍的市场竞争对手，也难幸免于难，何况自己呢？

最后，那些想逃跑的人都被一根无形的铁丝给割断头或者手脚，令梦女感到一阵寒意，不禁战栗。这令梦女吓得惊醒。这表明市场竞争没有幸存者，不是铩羽而归，就是落荒而逃。

这就是整个梦境表达的寓意。外面的市场环境有没有这么恶劣我们不知道，这个梦表达的是梦女主观的判断和感触。梦女没有作好充足的准备就仓促辞职，然后贸然杀入一个自己其实并不太清楚的市场中，进入之后才发现，自己似乎进入了一个陷阱。即使很魁梧强壮的老外也无一幸免，而且是要断手断脚甚至要断头的，说明风险极大。关键是，这些伤害都是躲在暗处看不见的，不知道什么时候会中招，喻示了明枪易躲、暗箭难防的状况，表明了前进路上的艰难险阻。前面看不见的铁丝代表了未来前进路上无法预知的各类风险。

因此，整个梦境反映的就是对创业的焦虑，对未来不确定性的恐慌，对自己必须付出的代价的担忧，对这次创业是否能成功感到了强大压力。如果结合梦女后来与一家公司合作的事，也可以把这个梦看做与公司合作之后的忧虑，担心自己上当受骗，害怕有看不见的陷阱在等着自己。但是，如果梦女与公司才开始合作，这样的感觉应该不会太强烈，所以这种可能性会比较小。

有意思吧，一个如同恐怖片的梦，原来反映的竟是这样一个主题。

但是，如果我这样解梦，很多朋友都不满足，他们总希望我能从梦境中找出对未来的预兆。我是不太愿意做这样的事情的，因为梦境中的预言并不代表一定会发生。不过如果一定要做的话，我倒觉得这个梦不像梦女所理解的那样是不祥之兆，而是一个好兆头。

我不会用周公解梦的那套来生搬硬套这个梦，我会用科学的释梦原理来推测这个梦对梦女未来要开展的事业的影响。梦境反映了梦女对创业的焦虑，这反而说明了梦女对这件事情的谨慎态度，这种态度对事业的成功是有帮助的。凡事“预则立，不预则不立”，所以，如果这是个一帆风顺的梦，梦女就要小心了，不要高兴得过早，一定要对未来可能遇到的困难正确评估，而且做事也要更谨慎。

我们看到，这个梦就是源于梦女在先拆桥的情况下再过河，从而在没有退路的情况下导致了自身的焦虑。不过梦女其实是有所准备的，在前景不妙的情况下采取了备用方案，也就是准备了搭桥的工具，只是在必要的时候才使用。

4. 到底嫁给谁——先拆桥再过河的苦恼

如果你没有精心策划准备就贸然跳槽，最终以失败收场的话，你就左右为难了。因为你必须在无驴可骑的情况下去找马，你就不会有气定神闲的心态，而且你有了一次失败的教训，就会更加谨慎甚至畏首畏尾，这样的话，你的心态就会出问题。心态一旦出现问题，下一次的求职就会是更大的问题。

一位梦女，在一次仓促跳槽之后没多久就失业了。梦女面临着再一次的选择，找了几家公司之后，总是觉得不满意或者互相没有对上眼。在这样的一段时间里，她做了如下的梦：

梦见我和妈妈在洗衣服，洗好多好多的衣服。两个洗衣机，其中一个特别大，里面水特别满，我不停地往里放衣服，有被单有衣服，不断地分色彩洗。

然后跟妈妈聊天说这几天的年糕很好吃，妈妈说没给我做（这段不知道是妈妈问我，还是我自己想的），反正就是有人每天都做好年糕放到我们家的水槽边上，坚持了好几天。

突然初二就开始追我的一个男孩说他等我八年了要跟我结婚，我问他你离婚了吗？现在做什么呢？他说在做茶叶生意。我梦里清清楚楚地告诉自己他没钱，我也不可能跟离异有小孩的人结婚，然后就醒了。

这个梦如何来解呢？这个梦境分为三段，我们逐一来解。

第一段是讲洗衣服，洗衣机里水很满，有各色各样的衣物要洗。这一段实际上表达的是梦女对自我的反思。她觉得自己长期以来一直忙忙碌碌，想做的事情太多太多，什么都想要，不能抵住各种诱惑，从而导致自己三心二意，“太满了”。这表明了梦女看到了自己的一种浮躁心态和面对选择时的摇摆。

第二段讲的是有人送年糕给她来吃，不是妈妈做的。这一段的寓意是父母帮不了自己，但自己的命还是很好的，因为总有机会来。也就是说，梦女觉得即使现在求职暂时受挫，但生存的问题并不大，要找口饭吃还是很容易的。因此，在梦境中就会有人送年糕来给自己吃。这表明了梦女对生存问题的安全感还是比较强的。那么，困扰梦女的是什么问题呢？

我们来看第三段梦境。第三段梦境讲的是婚姻问题。怎么又突然扯到婚姻问题上去了呢？我问梦女最近有没有婚姻方面的事情或者烦恼产生，梦女说没有，婚姻问题对于她来说是一个长期存在的问题，最近并没有任何与此有关的事情发生。

如果是这样，我们可以这样来理解这个梦，梦境中的婚姻问题并不是真的讲婚姻，而是表明一种态度。一种什么样的态度呢？我们知道，上面那一段梦讲的是梦女对生存问题的态度，婚姻与生存是截然不同的两件事情，婚姻涉及自己的喜好、兴趣、理想和人生观，是需要作出选择的事情。因此，婚姻在梦境中就代表了梦女对职业的一种选择态度。

我们看到，在梦境中，梦女的态度是很慎重的，而且是考虑了多方面因素的（既要能挣到钱），并且还有排他性条款（又不能有其他的障碍或者隐患）。这就喻示着梦女在面临新的职业选择时的慎重态度和选择原则，表明了梦女在面对新的职业机会时，会抵住一些诱惑，充分了解自己内心的需求和要求，在此基础上作出决定，不会随波逐流。因为职业如同婚姻一样，不是儿戏。

我们看到，在梦境中，梦女呈现出了选择的焦虑。她对婚姻问题的挑剔，其实就是对职业的挑剔，所谓离异有小孩又没有钱，可能表达的就是对公司的看法，如工资太低、职位不理想，或者市场口碑也不太好，甚至离家太远等因素。

所以，在经历了一次没有精心策划的失败跳槽之后，梦女似乎有了后遗症，一朝被蛇咬十年怕井绳，再次面临选择时出现了选择障碍，虽然梦女并没有太大的经济压力来逼迫自己尽快找工作。在这种情况下，找到一份适合的工作对梦女来说很重要，可以让她不在这种心态下一直摇摆下去……

5．找到自己的那只狗——跳对槽的艰辛

跳槽有很多守则，如暗度陈仓、过了河再拆桥，万一不行也要边过河边搭桥等。其实这些说到底都不重要，重要的是找到最适合自己的公司和职位。不过这说起来容易做起来难啊，有过跳槽经历的人都知道，这不是一件简单的事情。下面这个案例可以让我们一窥这过程中的艰辛心路历程。

有一位梦女，是一位年轻的白领、骨干和精英，按照现在流行的叫法叫做白骨精。她曾就职于国内多家房地产公司，都担任重要职务。最近，这位白骨精为了追寻自己的理想，再一次辞掉高薪工作，回到家乡所在的城市，决定调整一下心态，思考一下自己的未来，然后再出发。

我知道她最近已经调整得差不多了，开始频频出动寻找新的岗位。有一天，她给我发来一个梦，让我帮她解一解。下面是她的梦境：

我们大家族一起生活在一个三层楼的围院里（爷爷是一个声名显赫的退伍军官），中间有一块很大的空地。和我们住在一个围院里的还有两个很富有的人家，其中有一家很显摆，住了一楼和二楼的一大半；另外一家住了二楼和三楼的一半，而我们一大家只住了三楼的两个很大的房间，好像是因为爷爷很低调，但是我们全家很幸福。

由于一楼的人很招摇，惹怒了当地的官员和流氓，要集体检查我们这个三层楼的围院。所有的人全部站在围院当中的空地上，那些人从一楼起一间间地搜房子，把屋里的东西打在地上，乱七八糟的。还从一个很大的麻布袋子里放出了很多毒虫，黑黑的，吓死人了。

这时住在这个院里的三个家族的狗们都冲进了房间，好像有点儿保家

护院的意思，它们进去消灭虫子。我们家的小狗笨多芬也冲了进去，我很担心。

那个很嚣张的邻居还在不停地说：“你们胆子真大，居然抄我的家，我现在就打电话给某某某，让你们知道惹我没有好下场的……”可是那些人还是在继续一家一家地抄。

我很担心我的笨多芬，于是去开门，大家都拦着我，说怕毒气扩散了。我管不了那么多，开了一条小门缝，笨多芬就从那个门缝里出来了。它身上还有很多虫，但嘴里还在不停地消灭虫子。我很心疼它，用一个木条和麻布不停地拍打它的身子，把虫子都弄下来了。

后来的场景很模糊，那些人搜索到二楼就返回了，好像没有到我们家。我感觉在整个事件里，只有我们这个大家庭的人最冷静，因为爷爷说没关系，只要大家都在一起就没事的。后来我的作文得了全校第一，我这才意识到，我可能是在读书。

场景转换到大学的课堂上。一天，我的同学拉着我去另一个教室外看，我们站在一个很高的天窗外面（这些教室的窗户都装得很高），踮起脚往里面看。我发现，里面在玩杀人选择游戏，由全体同学投票，得票低的，就得被处死。

我看见我以前泰康的老板也站在台上，还有另一个人被同学们投票选择。我开始有点儿紧张了，和我一起的同学问我希望谁被选中。我心想，为什么有这么残忍的游戏呢？但是，我们生活的那个空间好像就是那样的，是一个科幻空间。

投票结束，居然出现平局，这意味着还要投一次。这时，我心里在想，千万不要让我以前的老板被选中了，虽然现在我们没什么联系了，但是，我还是不希望我认识的人倒霉。

后来一票之差，我的前老板不用死了。我深呼了一口气，跑上前去拥抱了他，他说，谢谢你！我突然感到豁然开朗了。

可是，我发现，我的狗狗笨多芬不见了，于是在走廊上叫它的名字，我看到，原来它躲在一个班级的第一排课桌底下睡懒觉。那个班正在上早自习，只听见那个班上的班主任大叫，把你的狗带走，带出去！叫的声音很大，于是我叫了一声笨笨，它就出来了，飞快地跑到一个走廊上的大锅盖里，好像又是一个高科技产品。我急了，大叫，笨笨，笨笨，你在哪里！

突然，我一回头，一只小黑狗，出现在我面前，吓得我一跳。仔细看，还很可爱，但是，我心里想，我不能收留它，我要找我自己的狗狗。

我还是在找，好像后来笨笨又出来了，和我一起跑了出去……

这就是全部的梦境。可能有人看到这么长的梦，头一下子就晕了，不知道从哪里下手。其实不用急，解梦急不得，一定要十分有耐心，抽丝剥茧，就像剥洋葱一样把伪装一层一层地剥下来，最后就能见到真相。

所以，接下来要做的第一件事情其实很简单，就像我们读小学时的那样，先分析每一段梦境的段落大意，最后总结归纳出中心思想，即我们所说的主题。

为了便于分析，我将梦境分成了几个大段。

【梦境一】

我们大家族一起生活在一个三层楼的围院里（爷爷是一个声名显赫的退伍军官），中间有一块很大的空地。和我们住在一个围院里的还有两个很富有的人家，其中有一家很显摆，住了一楼和二楼的一大半；一家住了二楼和三楼的一半，而我们一大家只住了三楼的两个很大的房间，好像是因为爷爷很低调，但是我们全家很幸福。

这一段梦境讲的是白骨精全家与两个大户住在一起，有一户人家很张扬，但是，白骨精一家并不羡慕他们，而是坚守自己的原则，自得其乐地生活着。我觉得这一段的核心词是“坚守”和“自得其乐”。

【梦境二】

由于一楼的人很招摇，惹怒了当地的官员和流氓，要集体检查我们这个三层楼的围院。所有的人全部站在围院当中的空地上，那些人从一楼起一间间地搜房子，把屋里的东西打在地上，乱七八糟的。还从一个很大的麻布袋子里放出了很多毒虫，黑黑的，吓死人了。

这时住在这个院里的三个家族的狗们都冲进了房间，好像有点儿保家护院的意思，它们进去消灭虫子。我们家的小狗笨多芬也冲了进去，我很担心。

那个很嚣张的邻居还在不停地说：“你们胆子真大，居然抄我的家，我现在就打电话给某某某，让你们知道惹我没有好下场的……”可是那些人还是在继续一家一家地抄。

我很担心我的笨多芬，于是去开门，大家都拦着我，说怕毒气扩散了。我管不了那么多，开了一条小门缝，笨多芬就从那个门缝里出来了。它身上还有很多虫，但嘴里还在不停地消灭虫子，我很心疼它，用一个木条和麻布不停地拍打它的身子，把虫子都弄下来了。

后来的场景很模糊，那些人搜索到二楼就返回了，好像没有到我们家。我感觉在整个事件里，只有我们这个大家庭的人最冷静，因为爷爷说没关系，只要大家都在一起就没事的。后来我的作文得了全校第一，我这才意识到，我可能是在读书。

我又将这一段梦境分成五个自然段，每段都有不同的含义。

第一自然段讲一楼的人由于招摇惹事了。满地的虫子表达的是一种厌恶感。因此，这一自然段的核心词是“惹是生非”和“厌恶”。

第二自然段讲得很清楚，小狗笨多芬冲进去保家护院，梦女很担心，所以其核心词是“保护”和“担忧”。

第三自然段表达的是对惹是生非的人的一种厌恶的情绪。

第四自然段讲的是小狗笨多芬惹了一身虫，但最终还是在我的帮助下摆脱了。透露出来的信息是惹上麻烦但又最终脱险。

第五自然段带有一点儿总结性质，说明在整个事件中全家人的表现非常好。到底谁表现得最好呢？后面泄露了信息——“我的作文得了全校第一”，这是白骨精在梦境中的自我肯定。

【梦境三】

场景转换到大学的课堂上。一天，我的同学拉着我去另一个教室外看，我们站在一个很高的天窗外面（这些教室的窗户都装得很高），踮起脚往里面看。我发现，里面在玩杀人选择游戏，由全体同学投票，得票低的，就得被处死。

我看见我以前泰康的老板也站在台上，还有另一个人被同学们投票选择。我开始有点儿紧张了，和我一起的同学问我希望谁被选中。我心想，为什么有这么残忍的游戏呢？但是，我们生活的那个空间好像就是那样的，是一个科幻空间。

投票结束，居然出现平局，这意味着还要投一次。这时，我心里在想，千万不要让我以前的老板被选中了，虽然现在我们没什么联系了，但是，我还是不希望我认识的人倒霉。

后来一票之差，我的前老板不用死了。我深呼了一口气，跑上前去拥抱了他，他说，谢谢你！我突然感到豁然开朗了。

梦境三场景转了，有四个自然段，下面我们逐段分析。

第一自然段表明了某件事情已经进入白热化状态了，第一是要“踮起脚”才能够得到；第二是在玩杀人游戏，不是你死就是我活，非此即彼，没有选择余地。

第二自然段表达的是一种紧张和担心的心情，不希望自己熟悉的人被淘汰掉。

第三自然段很有意思，出现了戏剧化的平局，表明某件事情进入僵持阶段或者停滞阶段，未来结果如何还不知道。既没有好消息，也没有坏消息，所以，是一种令人窒息的宁静和在这种宁静中的担忧，所谓“于无声处见惊雷”。

第四自然段结果出来了，险胜！然后是豁然开朗。说明了事情已经有了好的结果，通过这个结果，白骨精有了一种对人生的感悟和释怀。

【梦境四】

可是，我发现，我的狗狗笨多芬不见了，于是在走廊上叫它的名字，我看到，原来它躲在一个班级的第　排课桌底下睡懒觉。那个班正在上早自习，只听见那个班上的班主任大叫把你狗带走，带出去！叫的声音很大，于是我叫了一声笨笨，它就出来了，飞快地跑到一个走廊上的大锅盖里，好像又是一个高科技产品。我急了，大叫，笨笨，笨笨，你在哪里！

突然，我一回头，一只小黑狗，出现在我面前，吓得我一跳。仔细看，还很可爱，但是，我心里想，我不能收留它，我要找我自己的狗狗。

我还是在找，好像后来笨笨又出来了，和我一起跑了出去……

我们可以把梦境四分为三个自然段。

第一自然段表达的是一种焦虑情绪。什么焦虑情绪呢？就是一种找不到合适藏身之处或者说合适位置的焦虑，因为小狗笨多芬待的两个地方都是不对的，所以白骨精很担心，希望能给小狗笨多芬找到一个好地方。

第二自然段表达的是一种面对诱惑的态度和一种坚持的态度。因为小黑狗也很好看，但是自己还是坚持寻找自己的那只狗，不受外界的干扰。

第三自然段应该是最后点题，小狗笨多芬终于找到了，和白骨精一起跑了出去。这样的结局应该还算可以的。

各位，这就是对整个梦境的分析。

在不知道这个梦的主题和这个梦到底想表达什么意思的时候，我就是通过这样的分析对梦境有了一个基本的把握。我发现，这个梦境非常曲折离奇，因此，触发这个梦的原因一定不是一件简单的事情。梦境中的小狗笨多芬，不是别人，正是白骨精自己的写照，在梦境中通过自己和小狗笨多芬两个角色的分离来探讨自己的内心世界，来展现在这个过程中的思想斗争和冲突。同时，通过这种分离，让自己（小狗笨多芬）得到一种安慰（自我安慰），从而完成内心世界完整的情感诉求。

联系到白骨精目前正在求职的现状，经过了上面的初步分析，我告诉白骨精，这个梦是她整个求职经历的情感再现，一定反映了她在求职过程中遇到的种种问题和心态。

经过我的这种提醒后，白骨精还是将信疑信，觉得好像不靠谱，因为相差十万八千里，没有哪个情节显示这跟求职的经历有关。她认为这个梦可能是跟她们家的小狗笨多芬有关，因为最近笨多芬好像有什么不对劲，自己很关注它，笨多芬在她家很长时间了，她把它当成自己的亲人一样。因此，她觉得这个梦是自己担忧笨多芬造成的，或者是预示着小狗笨多芬有什么事情。她希望我能解开这个谜。

然而，我仍然认为这个梦跟小狗笨多芬无关，而是白骨精自己求职的心路历程。所以，我要她把最近求职的经历写出来，看看到底是否有关。

我很快就收到了白骨精发来的求职经历记录，她还附了一句话：不写不知道，一写才知道，原来在求职过程中经历了那么多事情和情绪波动。

而当我看完白骨精发来的求职经历之后，露出了会心的微笑——太准了！这个梦简直就是这场求职经历的真实写照，也是她心路历程的真实写照。这个心路历程，并没有印在她的意识之中，因此她无法察觉，然而却印在她的潜意识之中，令她无法忘怀，最终通过梦境得以释放。

下面我们就来看看白骨精所写的求职经历，看看她在整个过程中的心路历程是如何在梦境中得到淋漓尽致的展现的。

为了便于阅读，我将白骨精所写的求职经历也同样分成几大段，并将每一段内容与我分析出来的梦境段落大意对照起来，这样一目了然。

【梦境一分析结果】

讲的是白骨精全家与两个大户住在一起，有一户人家很张扬，但是，白骨精一家并不羡慕他们，而是坚守自己的原则，自得其乐地生活着。我觉得这一段的核心词是“坚守”和“自得其乐”。

下面我们来看看白骨精记录的第一段求职经历，看看跟梦境是不是相吻合。

（一）2009年8月17日，刚辞职没多久的我，从一次愉快的旅行归来。在一次朋友的聚会中，一个朋友的老公很热心地帮我介绍了一个代理公司的老总，他们目前在武汉代理了几个楼盘，需要一个营销总监帮忙管理业务。我一打听，代理的楼盘都在汉阳，而自己的家住在汉口，觉得太远了，而且做习惯了开发商，不太想做代理商，于是有点儿小小懒性的我，拒绝了第一次介绍就业的机会。再加上武汉 8 月的天气很热很热，父母都劝我 9 月再找工作，于是我也就理所当然地给自己放大假了。

后来，我把自己的简历放到了网上，心想，如果有机会，有企业要招人，也可以去面试一下，反正给自己的时间很充足。

果然，没过多久，一家开发商就给我打电话，通知我去面试。初试时，这家公司的人对我当场的表现很满意，更巧的是，我无意中得知这家企业居然和我以前的 C 公司共同在武汉开发一个项目，预计明年启动。于是，我礼貌地谢绝了这家公司，因为选择从外地回来，就是不想待在外地，如果又重新去外地，又何必回来呢？这次的面试，给我增强了信心，感觉找工作，并不是那么难嘛。

对照分析：

我们看到，白骨精的这一段求职经历讲的是一种慵懒的求职心情。基本上就是心不为所动，关注于自身的感受和现在的生活惯性。其核心就是安于现状，不为所动。这与【梦境一】分析中的核心词“坚守”和“自得其乐”是相吻合的，表明白骨精想按照自己的意愿选择工作以及目前悠闲自得、不急不躁的择业心态。

【梦境二分析结果】

第一自然段讲一楼的人由于招摇惹事了。满地的虫子表达的是一种厌恶感。因此，这一自然段的核心词是“惹是生非”和“厌恶”。

第二自然段讲得很清楚，小狗笨多芬冲进去保家护院，梦女很担心，所以其核心词是“保护”和“担忧”。

第三自然段表达的是对惹是生非的人的一种厌恶的情绪。

第四自然段讲的是小狗笨多芬惹了一身虫，但最终还是在我的帮助下摆脱了。透露出来的信息是惹上麻烦但又最终脱险了。

第五自然段带有一点儿总结性质，说明在整个事件中全家人的表现非常好。到底谁表现得最好呢？后面泄露了信息——“我的作文得了全校第一”，这是白骨精在梦境中的自我肯定。

接下来自然要看白骨精记录的第二段求职经历了。

（二）8月底时，一个媒体的朋友要我陪她去跟一个开发商谈项目，我答应了。去了以后，她一味地推荐我，还让我给这个企业的老总支招。这个举动让我很不高兴，觉得她事先没有和我商量，另一方面我觉得她很不会察言观色。

从和这家公司的高层交流中，我能感觉到这家公司之所以楼盘销售不好，并不是他们销售团队的问题，而是老板自身的问题，我认为跟这样的老板再怎么交流也没有用。但是为了顾及朋友的面子，我还是让这一次的“沟通”圆满完成。

中午的时候，这家公司的副总做东，请客吃饭。坦白说，我最讨厌的就是无谓的应酬，我一不求助于他找工作，二也没有什么业务上需要求他的，只是陪我这个朋友过来，但我的朋友却认为她是在帮我找合适的就业机会。这一点让我很不愉快，我感觉她没搞清楚我的需求。

回来的路上，她很高兴，说以后还可以继续跟进这个项目，而我认为，这个项目并不会在她所在的媒体投入什么。她提出让我帮她做一次计划书，这一次我拒绝了。因为我帮她做过很多次计划，每一次都是很认真去做的，但是这个女孩子没有什么恒心，什么事都是当时激动，后面就不做了。所以，我不想再浪费我的时间和精力。

她又提出帮我引荐一个广告公司的老总，有机会去他公司工作。我从内心很感谢这位朋友的热情，但是，我不是一个刚刚毕业盲目找工作的小女生，这反而让我很烦，每天陪她去见这个见那个。

对照分析：

第一自然段讲的是白骨精陪一个朋友去谈项目，但是，这个朋友却一味地推荐自己，这让白骨精很不高兴，认为朋友没有跟自己商量，属于无事生非。这与梦境第一自然段的核心词“惹是生非”和“厌恶”是相吻合的。

第二自然段讲白骨精认为不值得跟这样的老板沟通，意味着一种自我保护意识。而这，与梦境中小狗笨多芬冲进去保家护院所表达出来的“保护”情绪是相吻合的。

第三自然段讲中午有应酬，这令白骨精不高兴，而且还迁怒于朋友，认为她自作多情，没有搞懂自己的意思。这正表达了对惹是生非的人的厌恶情绪。

第四自然段讲朋友想要白骨精帮忙做一个计划书，这一定让白骨精在潜意识中认为是一种麻烦，于是选择了拒绝，这也与梦境中小狗笨多芬惹了一身虫，但最终摆脱麻烦相吻合。在前面我已经说过，梦境中的小狗笨多芬就是白骨精自己，因此，这一段的意思是白骨精惹上麻烦，但还是脱离了困境。

第五自然段讲的是白骨精再次谢绝了朋友的好意，觉得她不懂自己的需求，不想被人牵着鼻子东奔西走。这既与梦境分析中第四自然段摆脱麻烦相吻合，又与梦境分析中带有总结性质的第五自然段相吻合，说明自己在这件事情上的表现是很好的，这是白骨精在梦境中的自我肯定。

【梦境三分析结果】

第一自然段表明了某件事情已经进入白热化状态了，第一是要“踮起脚”才能够得到；第二是在玩杀人游戏，不是你死就是我活，非此即彼，没有选择余地。

第二自然段表达的是一种紧张和担心的心情，不希望自己熟悉的人被PK掉。

第三自然段很有意思，出现了戏剧化的平局，表明某件事情进入僵持阶段或者停滞阶段，出现波折，未来结果如何还不知道。既没有好消息，也没有坏消息，所以，是一种令人窒息的宁静和在这种宁静中的担忧，所谓“于无声处见惊雷”。

第四自然段结果出来了，险胜！然后是豁然开朗。说明了事情已经有了好的结果，通过这个结果，白骨精有了一种对人生的感悟和释怀。

我们来看看是否跟白骨精的求职经历吻合。梦女的第三段求职经历是这样写的：

（三）9月初的某一天，一个猎头公司给我打电话，说离武汉很近的外地有一个项目高薪聘请营销总监。我感觉，离武汉近，而且薪水高的话，可以早点儿实现自己的梦想——在自己结婚前，买一个轻轨沿线的房子，有自己独立的小窝。于是同意去了，去之前猎头公司的人告知我，面试我的人一个是集团董事，年轻有为；另一个是公司总经理，老而什么都不懂，但有当地势力，这两个人不和。我心想，没事，反正我对政治运动不感冒。

可是，约好下午三点见面的，他们临时改时间要两点见，于是我如约而至，却等到了三点半，这让我心情不佳，觉得他们太没有时间观念了。好不容易面试了，对方提了很多问题，我一一回答了。最后他们说他们要赶飞机，于是结束了谈话。

回来的时候，父母问我情况怎么样，我心里觉得可能不行，没有什么原因，就是第一感觉。一周之后，猎头公司通知我，对方对我的专业能力很满意，但是，觉得我很强势，怕不好管理……接着又说，易居中国看了我的简历，很感兴趣，问我方不方便见面。我仍然谢绝了，一方面，我还是坚持不做代理商，不愿把自己的业务面越做越窄；另一方面，当时还是有点儿不爽。事后，我也冷静想过，自己是不是真的很强势，不好管理？后来，还是坚持自己的个性吧，因为，每一个人、每一个人才，都有他的绝对优势和劣势，不能因为一个人的意见把自己改变。改变了本质，我们还能剩下什么呢？

后来，我去了武昌一个大学同学那里玩，看见她自己当老板，从早到晚地忙，我心里有点儿小感触。其实，上班路程的远近，并不很重要了。以前，我总认为回武汉就是为了舒服，就是为了当小女人，能看见我的好朋友。我才发现，回武汉，只是为了有更多可以利用的资源和优势，而不是所谓的“舒服”。当然，我从朋友的身上，也看到了做事不能冲动，就算自己要创业，也要有足够的能力，不然，只要遇到一点儿小小的不如意，就会怀疑自己选择的路对不对。

于是，当天晚上，我在朋友的家里主动投了两份简历。一天过后，没有消息。两天过后，仍无音信。第三天，老妈开玩笑似的说看到报上有一家企业很适合“内退”的老爸，于是帮老爸打了个电话，对方同意第二天见面。这件事，给了我小小的启示，我不得不承认，现在就业形势并不好，往往一家公司发布求职的消息，会招来千千万万的求职者，我那简简单单的简历，可能早就淹没其中了。于是，我再次鼓起勇气，给其中一个我比较中意的企业Q打了电话，对方让我在电话里介绍了一下自己的情况，并通知我第二天过去面试。

没想到的是，这家Q公司虽然写的是“汉阳大道××号”，但其实真正的地点已经是武汉的郊区了，我有点儿打退堂鼓，可是，心里安慰自己，只当武汉郊区游了。去了以后，面试很顺利，第一关面试我的是该公司的人力部长，聊得很愉快，她当场通知我，她这一关已经通过了。也就是在这一次的面试中，我感觉到这个公司员工和中层领导的素质还不错。但更深层次的感受是：机会，其实是自己抓住的。如果当初我因为投了简历没有人理就放弃，可能就失去了这个机会。我突然发现，只要见过我的公司面试官们，大多数对我印象很好。看来，我的优势不是简历，是面对面的沟通。

对照分析：

第一自然段的经历表明了这次求职白骨精开始心动了，因为第一有高薪，第二有了期望和想象。这与梦境中要踮起脚才能够够得着的寓意是相吻合的。但是，接下来猎头公司告诉白骨精这家公司的两个领导不和，这在白骨精潜意识中一定意味着一场PK，鹿死谁手还未知。这又与梦境中玩杀人游戏是吻合的。

第二自然段是面试时的情况，先是约定好的时间提前，这一定会让白骨精有一些紧张的。同时，在与两个领导面试的时候，由于事前知道这两个人不和，所以，白骨精一定会有一些谨慎和紧张心理。最后，面试并没有美满完成，他们提前离开了，这也一定会给白骨精造成一定的困惑和担忧。这与梦境分析中紧张与担忧的情绪是相吻合的。在这里要特别说明一点，梦境中是白骨精的一个熟人接受PK，而令白骨精感同身受替他担忧。在这样的情境下，那个熟人，其实往往就是做梦者本人的替身，就是她自己。只不过为了减轻做梦者自己的焦虑，在梦境中会用一个自己熟悉或者跟自己类似的人来代替。因此，梦境中对熟人的担心，正是白骨精在面试时自己情绪的显露。

第三自然段讲面试的结果，对方对白骨精是满意的，但是觉得她太强势，可能不好管理。这对于白骨精来说，等于是没有结论。猎头公司同时提供了另外的选择，但是白骨精谢绝了。所以，这次求职的事情，就等于悬而未决。这与梦境中投票PK打成平手是相吻合的。同时，由于没有结果，任何一个人的心都会吊起来，因此在梦境中就出现了白骨精对熟人的担忧，希望他能够过关。这其实是一种自我的忧虑以及希望自己能过关的心情体现。

第四、五、六自然段讲的是白骨精的感悟以及调整心态和方向后的行动，她通过到大学同学那里玩终于想明白了自己需要什么和应该怎么做，同时付诸了行动，并且获得了良好的回应。初次的面试也获得了成功，这无疑让白骨精感慨万分，重新树立了信心和决心。这在梦境中表现为“突然感到豁然开朗了”以及PK的胜利。这其实是表达了白骨精自己战胜自己的心情，而且对于白骨精来说是一种险胜，因为她想到如果自己没有这样走出来，那后果不堪设想，很可能会失去机会。同时，看得出来，白骨精对这家公司充满了期望。

【梦境四分析结果】

第一自然段表达的是一种焦虑情绪。什么焦虑情绪呢？就是一种找不到合适藏身之处或者说合适位置的焦虑，因为小狗笨多芬待的两个地方都是不对的，所以白骨精很担心，希望能给小狗笨多芬找到一个好地方。

第二自然段表达的是一种面对诱惑的态度和一种坚持的态度。因为小黑狗也很好看，但是自己还是坚持寻找自己的那只狗，不受外界的干扰。

第三自然段应该是最后点题，小狗笨多芬终于找到了，和白骨精一起跑了出去。这样的结局应该还算可以的。

我们来看看这一段的分析是否跟白骨精的求职经历吻合。

（四）在等待这家Q公司复试的过程中，又有一家开发商F公司从网上看到我的简历，通知我去面试。这一次的面试地点比上一家更远，而且去了以后，公司人力部组织的面试过程乱七八糟。我是个感性者，这一切，都把我对一个企业的初次印象弄坏了。面试的第一关，也是一个人力负责人，但问的问题很不专业，居然还向我打听他们公司的一个在职员工（是我原来的同事）为何离开我们原来那个公司。这点让我觉得好笑，都已经上岗了，再来作背景调查。结束面试以后，我走出来，心想再也不来这里了。

过了一周，Q公司给我来电话，通知去复试。这一次面试我的是他们的集团董事长，面试在很愉快的交流中进行着。这个董事长觉得我很优秀，是近期他见过的所有面试者中最满意的，沟通时间也最长。我也感觉和这位领导的很多思想不谋而合，他很欣赏我对一个公司的归属感，也赞同我提出的要注重老员工的想法。最后，他提出，由于公司正处于发展阶段，且是一个多元化的公司，和我以前从事的房地产开发性质不一样，希望我能不完全考虑钱的因素。

但我认为他提出的“工资水平”是我无法接受的范围。于是，我理智地提了自己的坚持底线。我们在互相平和的状态下结束了这次谈话。

无论如何，这一次的面试和其他几次比起来，在我的心里引起的效应不一样。我觉得无论从该公司未来的发展，还是现在与董事长的交流，以及公司整体的素质，我其实还是很满意的。我不太明白，到底是他的问题还是我的问题，总之，最后我们还是在各自的“坚持中”冷静地放弃了。

第二天，F开发商又通知我去复试，我拒绝了，心里想，虽然我没有找到合适的工作，但是也不能勉强自己，不想在第一次见面感觉就不愉快的公司继续下去。那一天，我的情绪持续不好，觉得该来的不来，不该来的却来。

下午，家里的电话响了，居然是Q公司的人力部长打来的，她表示给我打了一天的手机，老打不通。后来我们俩一核对，才发现，我去参加复试时填写的联系电话错了（本人的糊涂），幸好我留家里的电话了。Q公司的人力部长表达了董事长对我的欣赏与满意，也聊了许多，希望我能加入其公司。

经过昨天一天的内心戏，我似乎明白了自己要的是什么。人生不可能万事如意，什么能让自己最开心就先把握起来，不是吗？于是，我结束了我的“下岗员工”生涯，带着自己的“个性”，走适合自己的路，过自己想要的生活！

对照分析：

这一部分的经历比较长，但是对应的梦境却比较短。我们来看看这一段经历是如何在梦境中体现的。

第一、二、三、四自然段说的是同一回事，因此我们可以把它们放在一起分析。这几段讲的是白骨精在这一段时间的求职经历，进了这家又进那家，自己喜欢的定不下来或者说谈不拢，自己不喜欢的机会又比较大。白骨精不知道到底是别人的问题还是自己的问题，为什么不能找到一家合适的单位，这对于白骨精来说是一种焦虑。这种焦虑，与梦境中小狗笨多芬找不到合适的地方的焦虑如出一辙。我们知道，在梦境中，小狗笨多芬就是白骨精，因此，小狗笨多芬找不到合适的地方，就寓意着白骨精找不到合适的地方。在梦境中，白骨精很焦虑，替小狗笨多芬担忧，其实，是替自己担忧，只不过在梦境中为了减轻做梦者自己的焦虑用了移花接木的手法而已。

第五自然段讲白骨精不喜欢的公司似乎对她很满意。对于白骨精来说，这次求职也经历了一段时间，已经处于倦怠期了，而且对找到工作有了比较迫切的心情。但是，白骨精却仍然坚持自己的原则和态度，拒绝了一次有可能成功的机会。这与梦境中看到小黑狗的诱惑时所表现出来的坚持是一致的。白骨精在梦中坚持一定要找到自己的笨多芬。

第六、七自然段是典型的“山重水复疑无路，柳暗花明又一村”，白骨精喜欢的公司再次打来电话表达了诚意。经历了这么长时间，白骨精决定接受这份工作。这与梦境中小狗笨多芬终于找到后跟白骨精一起跑出去了的寓意是一致的。

够复杂的吧，没办法，有些人就是能做特别复杂的梦，而另外一些人的梦却又太过简单。这个梦之所以这么复杂，自然与白骨精复杂的求职经历是相关的。

最后要说的是，这个梦是表达白骨精求职经历的一个梦，但是，有人要问，为什么会以这样的形式来表现呢?

其实，用什么样的形式来表现都没有关系，关键的是要看这种形式下的本质含义是什么，因为有时候我们很难在现实生活中找到这种表现形式的根源。不过，如果是细心的人，愿意提供更多信息的人，我们还是有可能找到某种梦境表现形式的根源的。

比如说这个梦，为什么会梦到爷爷，而且爷爷的形象很高大，是因为做梦的当天晚上，白骨精的爸爸跟她讲了很多爷爷支持他实现梦想的事情，但他都没有坚持。那时白骨精突然觉得爷爷真是一个很棒的人。

而梦到原来在泰康的老板，则源于面试的那一天，那家公司的董事长夸白骨精是个人才，并且说他不会看走眼。这让白骨精有些兴奋，因为她想起原来在泰康时的那个老板也喜欢叫她天才。于是，这个老板就沾了这个光，进入到白骨精的梦境中来了，也不管性别不性别了，成了白骨精的一个替身。

做替身不分性别还不算离谱的，最离谱的可能要算做替身不分物种。在梦境中，小狗笨多芬就是白骨精的替身，这又是怎么一回事呢？这是因为小狗笨多芬在白骨精家中待了太长的时间，他们一家已经把它当成家庭中的一员了。关键是，白骨精特别喜欢小狗笨多芬，与它感情很深厚。而且，做梦的前几天，小狗笨多芬很没有精神，这令白骨精很是担忧。所以，白骨精曾认定是自己由于担心笨多芬而做的梦。其实却不是，而是以它来做替身在梦境中替代自己，减轻自己的焦虑，并且还可以自己担忧自己，自己心疼自己，这又何乐而不为呢？

这就是梦境中的各类形式——即梦境中的人物和事件的来源。

各位可不要以为这些信息都是白骨精主动提供的，她是完全想不起来这些事情的。这也难怪，因为我们每天所接触的信息成千上万，要在里面找一两个信息，就如同海底捞针那么难。

不过，只要有针，就是在海底，也是有希望的。办法之一，就是让它浮出水面。浮出水面的方法就是启发和诱导。

当我们首先将梦的主旨和所要表达的大意有了一个初步把握之后，就要找寻记忆的方向了。沿着这个方向顺藤摸瓜，不断启发做梦者的记忆，只要做梦者愿意配合，这时候是能够回忆起对释梦有价值的信息的。

上述的这些信息就是这样启发出来的。当受到启发回忆起这些有价值的信息时，做梦者往往会十分感慨，甚至有一种难以置信的感觉——这么屁大的事情也跑到梦境中来了？但是却又不得不相信，事实确实如此。

恍然大悟之后，我们是不是对梦有了更深的感悟呢？

八 理想与现实之冲突解决

——我自将心照明月，哪管明月照沟渠

职场并非我们全部的人生，职场只是我们人生中的一个部分，我们的人生还有其他很多的内容。但是，职场的状态又牵制着我们人生的其他方面，当两者不能很好地统一协调时，有时候就会令我们欲罢不能、欲休不止。

单就职场来说，我们每个人都有一个职场理想，如果从事自己喜欢的职业，既能赚到钱，又能愉悦自己，就像那个著名的段子所说，如果能够“做爱做的事，交配交的人”，何乐而不为呢？

然而，职场理想注定永远是一个乌托邦，天上不会掉馅饼，我们大部分人都深陷一份为了养家糊口而辛苦工作的职业中。而人生理想呢？兴趣和爱好呢？都远远地被抛在脑后了，我们甚至连静下心来好好想一想的时间都没有。我们的人生理想，我们的兴趣爱好真的被抛弃了吗？还是一直在潜意识中，但是我们却无法察觉——魂牵梦萦，扰动着我们的心灵，令我们感觉到一种莫名的虚无感？

因此，对于人生理想和职业理想，我们不能有任何借口，不管处在什么样的环境中，都要牢记心中的梦想，条件成熟，就勇往直前；条件不成熟，就韬光养晦，作好准备，一旦时机成熟，就顺势而起。于是乎，对于理想和现实的冲突，我们坚持的原则应该是："我自将心照明月，哪管明月照沟渠。"

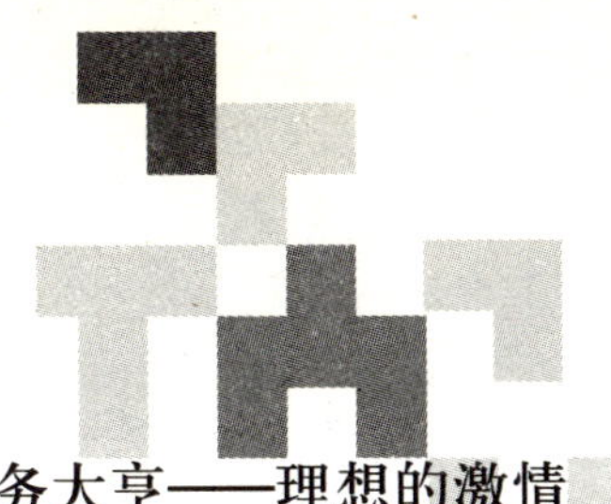

1. 电子商务大亨——理想的激情

每个人的职场理想都不同，但是，归根结底，大部分人的职场理想应该都是一种自我实现状态，达到专业的最高峰也好，职位的最高级也好，甚至是最后成就一份属于自己的事业。所有的这些理想都深深地埋藏在我们的心中，有时候我们认为自己已经忘记了理想，其实并没有。网络上流行一句话，说得十分精彩——每天早上叫醒你的不是闹钟，而是你的梦想。

一位前职场“白骨精”辞职下海，自己开了一家网店，准备自己创业干一番事业。下面是她给我的来信。

梦侦探：

昨天做了一个电子商务大亨的梦。

我梦见莹嬷嬷把我带到了一个北京的“双子星大厦”，告诉我说，这就是我们的办公大楼。我说不是吧，这个大厦早就有了的呀，是北京的商场，我以前还去过呢。莹嬷嬷说，是呀，身为财务总监的我，把这个大厦接下来管理了。于是我们走了进去，门口果然放着两个雕塑：大卫和我。莹嬷嬷说，晶嬷嬷，你看，我答应你的事办到了。

莹嬷嬷与晶嬷嬷是我与表妹之间的戏称。现实生活中，我曾经跟表妹莹说过，如果我们的事业做大了，我不当董事长，只当创始人，门口要放我和大卫的雕塑。

于是，我们进去了。但是我们的公司已经不是一个服装网络公司了，而是一个管理艺人的电子商务公司。区别于传统的经纪公司，我们的公司里有全球所有艺人的档案，每年都会有大型活动。

谁都不知道，我们主要捧刘若英和王力宏，但是表面上，我们还捧红了很多人。我们公司主要的职责是“发现新人，自己捧红”，所以，全球的艺人都主动把自己的资料放在我们这里。

每天都很忙，表面上我们已经是公司的管理层了，但其实我们更热衷于每天做一些小事情。除了为数不多的几个人知道我们的身份，更多的时候，我们还在做小策划、小客服的工作，因为接近一线，才能接近我们各自的目标。

而那个大卫和我的雕像每天都有很多人参观和照相。我路过时，想到了一件事：虽然我心中的理想是在雕像的大厅里写着大大的“韩氏企业”，但我知道，这样做会让莹不开心，所以，还是用了我们最终创业的名字“双子星”集团。不过，梦里的我，是一个上班的职业女性，我看着雕像觉得叫什么名字并不重要，重要的是，我们的梦想都实现了！

关于导致这个梦境可能会用到的资料：

我一个朋友在武汉开了一个广告策划公司，做房地产及其他产业的广告营销策划。他让我做副总，说穿了就是利用我在武汉的房地产资源帮他找客户。昨天去参观了他的公司，并跟我谈薪金。我拒绝了发月薪的形式，告诉他，有业务再提成，因为我自己也有主要的工作要做，不想分心。但是，我也愿意加盟他们公司，主要是要跟社会保持联系，并借由这种身份，也能多与其他人交流。

晚上，我妈提出让我去考公务员，说有个朋友可以帮忙，她的主要目的是觉得一个女孩子有稳定的工作就有稳定的家庭，不用钱多，稳定就好。然后晚上我没上我的网店班，是莹上的班，有一些客人下单买商品，她打电话跟我交流过。我们还一起八卦了一下湖南卫视最近放的一部电视剧《宫》，都觉得让人看了想吐血，但又超想看……

这就是邮件的内容。我们来看，这是一个感触于梦想与现实的梦境。从梦女介绍的情况来看，梦女现在开一家网店，属于创业阶段，一定对未来充满了梦想，因为梦女提到："现实生活中，我曾经跟莹说过，如果我们的事业做大了，我不当董事长，只当创始人，门口要放我和大卫的雕塑。"这是一句表达了梦女远大理想的话，说明了梦女对未来的憧憬。

但是，实际情况呢？是梦女游离于自我创业者、职业经理人和公务员的社会角色之间。一方面想通过做职业经理人获取更多的收入回报和社会资源，一方面又动心于母亲推荐的公务员身份，但同时又留恋于网店经营者的自由。这种多重身份的诱惑和游离，令梦女有着多重的想象和憧憬，于是在梦境中表现得淋漓尽致。

梦境的开始是梦女梦见莹嬷嬷把她带到一个大厦面前，告诉她这是她们自己的大厦。但是梦女觉得这不是她们的大厦，因为这个大厦她认识，那是北京的"双子星大厦"。这表达的是梦女对自己目前网店事业的怀疑，觉得不可能这么快成功。但是，莹嬷嬷却告诉梦女已经把这个大厦接下来管理了，并且用一个证据说服了梦女，那就是门口放着梦女跟大卫的两个雕塑。这一段表达了梦女的一种将信将疑的心理，虽然有破绽——只是把大厦接下来管理，并不是买下来了，但是，当梦女看到门口的雕塑时，也就顾不得这些了。这说明梦女还是十分渴望把自己网店事业做成功的。

接下来梦女将自己的网店公司变成了一个管理艺人的电子商务公司，而且内有乾坤——"表面上，我们还捧红了很多人"，以吸引"全球的艺人都主动把自己的资料放在我们这里"，但是实际上"谁都不知道，我们主要是捧刘若英和王力宏"，而且公司主要的职责是"发现新人，自己捧红"。这一段表达的是一种瞒天过海、暗度陈仓的状态，说明了梦女希望从事多项工作、身兼多职的心理，因为这样可以获得多种可能的机会和回报。

然后，梦女为自己的行为找出了更多的理由——“因为接近一线，才能接近我们各自的目标”“每天都很忙，表面上我们已经是公司的管理层了”表达的是目前开网店的状况。“但其实我们更热衷于每天做一些小事情”“更多的时候，我们还在做小策划、小客服的工作”，这是期望兼职的心理状况。而且，梦女认为这样的状况并无不妥，因为只有“为数不多的几个人知道我们的身份”。

往下仍然是对成功的憧憬——“那个大卫和我的雕像每天都有很多人参观和照相”。但是，梦女似乎意识到了创业的艰辛以及团队的重要，于是在梦境中采取了折中的做法——“还是用了我们最终创业的名字‘双子星’集团”。

梦境的最后，是梦女的感慨，其实不管做什么、叫什么，最重要的是实现梦想。梦境以一种愿望达成的方式表达了梦女的这一梦想——重要的是，我们的梦想都实现了！

这展现了处于创业期的梦女在面对未来的憧憬和稳定、安逸生活的诱惑时的心理状态。至于梦境中调侃式的莹嬷嬷和晶嬷嬷的称谓，则是源于《宫》剧的自由联想。刘若英和王力宏的出现源于作为粉丝的梦女长期对他们的关注。捧红明星在这里是一种成功的暗喻，表达了梦女对事业成功的憧憬和渴望。

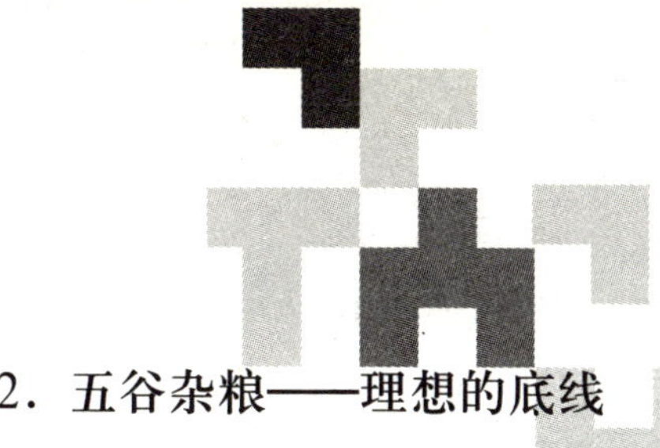

2. 五谷杂粮——理想的底线

虽然我们有理想的激情，但是也会设置理想的底线。理想的底线有两方面，一方面是现实的底线，也就是现实利益的底线。每个人都知道，只有在保障现实利益的情况下，理想的实现才有可能。如果连生活底线都保不住，又谈何理想呢？理想底线的另一个方面就是理想本身，你必须设定一个底线，这样才不会轻易受到诱惑，轻易动摇。

过了几天，还是这位昔日的“白骨精”，又做了一个梦，似乎跟她原来的公司有关。“白骨精”不理解梦境表达的是自己怎样的潜意识，于是将梦境发给我，希望我能够帮她释梦。

下面就是梦境：

我梦见和原来公司的同事一起聚餐。好像是他们先去的，还有我们的董事长。我后去的，我去了以后跟大家打了个招呼，董事长叫了一声：“韩总坐（董事长经常这样叫我）我这边来。”

然后我坐在他们那里，听他们聊公司的事，内容不记得了。

然后董事长敬了一杯酒给我，我还没有碰杯，他就一饮而尽了。然后他又喝了很多酒，最后喝得很醉很醉。大家都看得目瞪口呆的。我也觉得奇怪，有这么多心事吗？

他确实醉了，有的同事提议把他送回去。但我一看，一共才两个男生，其他都是女生，肯定搞不定。于是我就说：“就让他在这里睡一下吧。”于是，他就靠在我的肩上睡了。大家都看着，也不敢走。我心里还在想：妈的，为什么要靠在我肩上？这个姿势太难看了，搞得像我是他妈一样。

后来又想，虽然我离开了，但是也只能为他做这些了，让他好好休息一下，只当做好人好事。过了大概半个钟头，他醒了，我们大家就各自散场回家了，走的时候互相说了再见。

然后我就跟一个小学同学一起去买她经常吃的杂果豆。我觉得很奇怪，她怎么喜欢吃这种东西？是不是因为五谷杂粮对身体好？于是，我也准备选一些。我其他的都不认识，只认识绿豆、红豆和黄豆，我在想，如果把这三种豆子放在一起，会不会磨出豆浆呢？

我那个同学抓了很多豆子。我想，我从没有买过，还是算了。于是，我们就走了……

这就是整个梦境。

这个梦，是我通过 QQ 接收到的，也是通过 QQ 来解梦的。下面就是对话的内容。

梦侦探

说说你的梦吧。

你自己有线索吗？

白骨精

没有，这几天没什么事，而且这个梦好像离上回那个梦只隔了一天。

梦侦探

有患得患失的事情吗？比如说“凭什么我要这样”之类的。

白骨精

应该没有吧，我这些时候还很高兴呢。

梦侦探

有很让你好奇的事情发生吗？

白骨精

我最近的心情很好，以前我老觉得要养爸妈，让他们过很好的生活。自从我自己做事以来，他们就很顺利了，他们俩都上岗了，感觉他们俩心情很好。而我咧，也像是个孩子的感觉。所以，我心情也很好，没什么特别的事发生。

梦侦探

最近有没有去学吉他作曲？

白骨精

没有，我又很烦那个老师了。再加上最近只有我一个人看店，我又报了减肥急训班，没时间学。我自己不想见那个老师，但又觉得我要多写点儿词。

梦侦探

那是否就跟你最近的心理活动有关？你有点儿留恋过去，但知道已经没有回头路了，又觉得也许什么都做做是一件好事，可其实自己只适合做很少的几件事情，并不是一个什么都适合做的人。

白骨精

我最近还好，没什么心理活动。有时候在网上听敏他们说说原来公司的事，我有时会觉得公司董事长很可怜，但是，从心里我认为我走是对的。也许是有一天王总给我打电话的原因吧（注：王总是梦女正式待过的第一家公司的老总）。

梦侦探

说说这件事吧。

白骨精

有一天，我妈跟我一起去超市，王总给我打电话，我妈在边上，说感觉王总很依赖你呀，什么心事都跟你说。我觉得应该是因为我不在公司，又比较尊重她，所以，她总要找个人说说吧。然后，她说她去我店里看了看，还看中了一件什么衣服，我就给她寄了一件去，就这事。

梦侦探

但是，你觉得她并不是真的从内心深处尊重你或者倚重你，而是如你所说是因为你不在公司，而她需要人倾诉。

白骨精

是的，她有一天跟我谈过一件事，把我雷到了。她说让我回去，公司很急要用人，让我做“高级策划师”，说工资上不会亏待我。

梦侦探

你当时怎么想?

白骨精

我当时很平静地跟她说：“王总，我再也不是你印象中的那个小女生了，不是你离开时看到的我了。人是在长大的，也是在成长的，就算你再信任我，我也不可能不在乎外界的眼光。我是个俗人！”

她当时愣住了，估计她没想到我会这样说。后来，我又说我现在做网店很开心，是真的开心。你喜欢我，我知道。我们还是很好的朋友，我有什么不懂，还是会来找你的，但是，我不想这样回去。

然后，她说这家公司更像我的家，说有什么什么好。我就说：“那是你的家，不是我的家。我认识的家人都走了。”我觉得，这件事，我还是处理得很好的。她后来老给我打电话，让我出去陪她。

梦侦探

那你有没有去?

白骨精

大家都说她变了，说她老不喜欢给人机会。

去还是会去的，不过有时候我会告诉她，我现在在上班，上我自己的班，下班了再去。我觉得，毕竟她是我的第一个贵人，我从心里很珍惜这种感觉。所以，我不想因为这种事影响我对她的感觉，而且，我现在本来就很开心。

梦侦探

还有吗?

白骨精

没了，关于王总的没了。

梦侦探

其实你已经把这个梦都解出来了，是王总跟你说的事情有关。

白骨精

?

梦侦探

你说王总把你雷到了，在梦里就是董事长喝醉酒了。梦里你回到原来的公司，意味着就是王总让你回第一家公司这件事情。虽然梦里并不是跟第一家公司的同事聚会，是跟最近刚刚离开的公司同事聚会，见到的也是刚刚离开的这家公司的董事长，但梦里要表达的其实是回第一家公司这件事。

梦侦探

董事长说韩总坐这边来，意味着这是职场生涯，跟职位有关。

白骨精

王总的事，是很早把我雷到的，不是这几天的。这几天是她打电话说要一起聚一下，唱歌。

梦侦探

是的，所以就梦到聚餐。因为你刚刚离开现在的公司，所以从记忆深浅程度来看，心里想的是第一家公司的事，但是梦到的是刚刚离开公司的事情，这很正常。

董事长敬酒时，你还没有碰杯，他就一饮而尽，这段梦境表达的是王总邀请你回公司时，你还没有接话，她就自顾自给你作了安排。而她的这种安排令你不快，因此梦境中体现为董事长先敬酒，但是在你还没有碰杯的情况下就自顾自地干了。

白骨精

董事长说韩总坐这边来，是我们以前那个董事长每次都喜欢这样说，因为我每次都没有主动坐他边上。做梦当天听了很多以前公司的事。

梦侦探

后来他又喝了很多酒，喝得很醉，表达你认为王总用这种方式邀请你回原来的公司，简直是在说胡话。她以为你会轻易答应，但是，怎么可能呢？

白骨精

我觉得，王总的事没有影响我，因为她很早就跟我说了。现在，每次她跟我谈工作的事，她还没有说，我就说我现在开店很开心。

梦侦探

董事长喝醉了，大家看得目瞪口呆，其实是你听了王总的提议之后目瞪口呆。

白骨精

也许吧。但我觉得梦见的是刚刚离开的那个公司，就是因为董事长其实对我很好。我觉得这个梦不是因为王总。

梦侦探

你奇怪董事长怎么有那么多心事。这在现实中是由王总所谓的“公司是你家的”事情触发的。

白骨精

是的，我觉得她很好笑。她很有忠诚度，但她不应该要求我有。

梦侦探

你本来想直接拒绝她，于是梦境中有人说要把他送走。

还有，你心里想过：你把我当什么了？以为这样就能让我回去？但是，想到王总对你的好，也就算了，觉得她需要有人说说话，于是梦里就是你让董事长靠在你的肩膀上。

你觉得你是她倾诉的对象，因此梦里就觉得搞得像是那个董事长妈妈一样。

白骨精

我在梦里觉得，一个大男人靠在我身上，别人看着会很奇怪，所以我觉得我是他妈。

梦侦探

五谷杂粮意味着自己以前什么都可以做，但是现在不同了，只选择自己喜欢的，在梦里就是绿豆、红豆和黄豆。

白骨精

嗯，这个可以，我认同。

梦侦探

你想知道这三种豆子会不会磨出豆浆，意味着：你认为即使这么简单，也是生活啊。别人可以抓很多豆了，对于你来说，并不需要。

白骨精

我是真的觉得现在很开心，好像有很多人在设想我应该过什么样的生活，但只有我自己知道什么是我最开心的。

梦侦探

“我从来没有买过，还是算了。”这句话意味着你选择了放弃，放弃不是你喜欢和需要的生活，而是只守住少数几种豆子，同样可以磨出豆浆。

白骨精

后面豆子那一段解得真好。

梦侦探

前面解释的也是对的，你再好好想想就会知道，因为董事长虽然对你也好，但是你们之间完全没有类似的互动。而你跟王总的互动，却与梦境内容基本吻合。

白骨精

哈哈哈，我还以为是我成天喝自己磨的豆浆做的梦呢。

梦侦探

当然跟你磨豆浆有关，但是在这里，是有隐喻意义的。

白骨精

是的，这样说，我就完全同意了。记得你说过，做梦有时候会把很小的事情放大。

我想是因为我不可能当面对她（王总）发作，所以用梦做了出口。

梦侦探

是的，理解正确，总算解开这个梦了。

这就是整个的解梦过程，我们看到，在解这个梦时，梦女刚开始不同意解梦师的解梦，是因为她陷入了梦境的形式之中——梦境明明是讲的与刚刚离开公司的董事长之间的互动，怎么会扯到第一家公司的王总身上呢?

然而，从梦境的情节来看，其本质内容与梦女和第一家公司的王总之间的互动一脉相承，特别是其中的心理活动都吻合。因此，这个梦表达的是：梦女在离职创业之后，虽然受到第一家公司王总的极力邀请，但是，由于职位待遇问题以及梦女自身的人生理想问题，她对此并不感冒。

在这种情况下，梦女还对人生进行了反思，认为人生其实简简单单也挺好的，不一定什么都要，只要守住自己的这点豆子（人生理想），同样可以磨出美好的人生豆浆。

3. 赶稿——理想的知易行难

除了职场理想，我们还有人生理想，人生理想的树立看起来很简单，但是理想的实现才是最困难的事情。要实现理想，必须付出巨大的努力，而且还要有强大的毅力。因此我们看到，每当新年开始的时候，很多人都会给自己列一个新年计划。列计划时往往都是激情满怀的，对计划的实现也是踌躇满志的，甚至赌咒发愿，一副不完成计划就誓不罢休的样子。结果呢？到了年终，拿出计划，我们又有几项完成了？不过不用担心，因为你有足够多的借口。

一位梦女最近做了一个梦，梦境如下：

应该是回到了大学时代，因为我还住在寝室里，和我的室友们一起做功课。不过我好像不是在做作业，是在赶一篇新闻稿，虽然我已经是学生通讯社的社长了，可是，还是会经常自己写稿子。学校里出通知，明天上层领导（梦里我们学校好像是一个企业投资建成的，会定期来检查学生的状况，是为企业输送人才的）要来检查，每位学生必须就学校现状写一篇稿子，还要写一篇就业计划书。不过我心里想没关系，反正两篇稿子很简单，加上我自己要写的新闻稿，晚上加加班应该可以完成。于是，下午就和室友一起到操场上打羽毛球，这是我们经常做的活动。

在操场上遇到了丁当（在梦里，他应该是我的师兄或者是学生会的负责老师），他带我去了一个地方。我跟他很熟悉，一路上说说笑笑的。然后，我们来到一个厕所，是像以前小学生用的那一种，一进去，很多坑的。我问，怎么，你连这个也要管？他说，我是分管工程的，学校要把这一块地建成一个什么专用基地，总之很复杂，压力很大。我在梦里心突然感到很酸，因为觉得这件事很难，而且厕所很臭，每天要待在这里，很不容易。然后丁当向厕所的后门走去了，很奇怪，厕所有两个门。我知道他是查看进度去了，于是我没有跟去。

不知道为什么我就上起厕所来了，厕所连门都没有，我也不担心被人发现。后来，我看见丁当走回来，我就起身了。然后，我们就讨论起明天要交的作业，我说，老规矩，我帮你写吧。

第二天，我们到学校的礼堂集合了，我把我帮丁当做的作业给了他。礼堂很多人，大家都坐下了，来学校视察的领导和学校的老师坐在礼堂的讲台上，像开发布会一样。然后，每个同学开始汇报昨天做的作业。我突然意识到，我把作业给了丁当，而我自己的这一份还没有写好，怎么办？我抬头看了一下丁当，他也很急，但没办法可以帮我了。到了我的时候，老师问我汇报的主题是什么。我说，对不起，我把作业弄丢了。全场一片哗然，大家都觉得不可思议，因为投资学校的股东都来了，每个人都很重视，我居然把作业丢了。其实不是丢了，是还没有做完，我一个人没办法做两份作业，而且还要不同的内容。

台上的人都在摇头，我开始意识到事情的严重性了。于是，我说，对不起，我不是故意弄丢的，请给我一个机会，让我现在为各位讲一下学校未来的发展计划。于是，我从口袋里拿出一块红布，遮住我自己的眼睛，开始演讲。我其实不太明白自己为什么要遮住自己的眼睛，但是在梦里，好像是因为自己实在忍不住哭，眼泪不停在流，不想让大家看到，所以就只能这样。

我演讲得很慢，因为我的作业还没有写完，不像别人可以拿着写好的稿子念，但思路很清楚，表达得也很好，算是我自己临场在做功课。还没有讲完，掌声已经响起来了，但我还在继续讲。丁当在台上说，好了，可以了。好像是因为我看不见，所以他提示我，讲到这里就可以了；也好像是担心我下面没有词可以继续讲了，所以见好就收的感觉。然后，丁当对学校来视察的领导们说，虽然她没有按时交作业，但她今天的演讲代表她是真的思考了的，也是真的做了作业的，我看，我们还是应该可以让她通过。这些股东们也纷纷认同了。于是，我顺利地过了这一关。

大学毕业以后，我进了投资我们学校的那个企业上班。我的领导跟我说，你当时用红布遮住眼睛，讲得很慢，我们感觉到你在哭，但是，你还是坚强地完成了作业，所以，当丁当提议让你通过时，我们都答应了。接下来的画面是很多年以后，一个深秋，我回到学校，一袭白领装，看到当年是厕所的地方已经变成实验室。我在心里默念了一首诗：去年今日此门中，人面桃花相映红。人面不知何处去，桃花依旧笑春风。一阵风吹来，心里突然很凉，有种说不出的感觉……

然后就醒了。

为了解好这个梦，梦女给我提供了一些背景资料。

梦女和梦中的丁当是现实生活中的好朋友，两人都是文学爱好者，为了让大家都能够坚持下去，两人互相鼓励、互相监督，不断督促对方笔耕不辍。但在这件事情上，丁当似乎更加投入和专注一些，有一股要在此领域里大有所为一番的干劲。而梦女本身则更随性一些，更多地把它当成一种兴趣爱好和表达自己的工具。两人就这样互动着在文学的路上前行。

前几天，丁当突然告诉梦女，决定把自己这一年来写的东西出版。他初步统计了一下，大概写了二三十万字，可以出版成集了，丁当请梦女帮他整理作品。听到这个消息后，梦女非常高兴，但又有很多感慨。高兴的是在短短的一年里，丁当就取得了这么大的成绩，这是出乎她预料的，她当然替丁当感到高兴。

至于感慨，有很多，主要是感慨丁当的坚持和不容易。因为丁当是一名繁忙商务人士，作息时间不规律，更别提有完整的写作时间了，而且要经常出差，还有大量的商务应酬，因此，写作时间很少。丁当一般是利用没有应酬的晚上和商务旅行中的空闲时间用手机来写作，从这一点来说，梦女觉得很不容易。所以，丁当处在两者都要兼顾的状态，也是一个转型期的状态，所以要付出的特别多，由于两人在此方面经常沟通，梦女能够感同身受。丁当似乎充满了信心和斗志，力图在这样的情况下建立起自己在文学领域中的地位，这在梦女看来，真的是一件很艰难的事情，可丁当在这条路上已经起程了。

这些是对丁当的感慨。其实，这件事情引发了更多梦女对自己的感慨。梦女虽然也希望自己写的东西能够编辑成集，但却没有像丁当一样的投入度，总是根据自己的兴趣和情绪来写作，不想写的时候就放下来，而且自己有时候还很贪玩，总之就是太随性。所以现在看到丁当的成绩，她回过头来看，觉得自己有太多的东西要追赶了。

此外，在督促丁当写作这件事情上自己是花了很多工夫的，但现在自己本身却落后了。因此，梦女对自己非常不满意，有种欲哭无泪的感觉。当然，有时候又会反过来想，虽然自己成绩不大，但在自己的督促下，丁当取得这么大的成绩，也是值得高兴的一件事。同时，梦女觉得，丁当按照现在这种状态发展下去，将来一定会取得很大的成就，他是完全有可能实现梦想的。

这些就是梦女在听到好友丁当准备结集出版作品后的心理活动。我们看到，有了这一段背景，这个梦就比较容易解了。

【梦境的第一段】

梦的一开始是讲梦女和室友们一起做功课，赶一篇新闻稿，接着是领导要来检查，每个人还得就学校现状写一篇稿子，外加一篇就业计划书。整个这一部分都跟写作有关，而且都是很紧急的事，都需要“赶”。这表明了梦女对写作这件事情的紧迫感，觉得自己有很多东西需要写，还是很有压力的。但是，接下来的梦境是这样的——“不过我心里想，没关系，反正两篇稿子很简单，加上我自己要写的新闻稿，晚上加加班应该可以完成。于是，下午就和室友一起到操场上打羽毛球，这是我们经常做的活动。”这同样表明了梦女在对待写作这件事情上的态度，觉得很简单轻松，没有当回事，所以能玩就先玩了再说，不到火烧眉毛的程度就不急。这是梦女在对待写作这件事情上的真实心理写照。

【梦境的第二段】

这一段的核心是丁当要将一个茅厕改建成一个专用基地，是很复杂、压力很大的事，梦女也深有感触，觉得很不容易。所以，这一段正是梦女对丁当在繁忙的工作之余写作和进行转型这件事情的感慨，觉得很不容易，压力很大，过程很复杂。最后一句——“我知道他是查看进度去了，于是我没有跟去”，表明了丁当在这件事情上的进度比自己快，而自己没有跟上。

【梦境的第三段】

上厕所意味着什么？我们平时说上厕所就是去方便，所以，上厕所表达的是梦女在写作这件事情上图“方便”的心态，也就是说，能写就写，不能写就不写，完全凭自己的心情。上厕所我们还可以理解为一种停滞，也就是梦女对自己最近一段时间写作状态的反省，觉得自己停滞的时间太长了。后来，丁当回来了，“我们就讨论起明天要交的作业，我说，老规矩，我帮你写吧”。我们看到，梦女要帮丁当写作业，表达的是在写作这件事情上梦女所能给予丁当的帮助。梦女一如既往地支持丁当的写作，并且愿意为丁当承担一些分外的事情，所以，梦境呈现的就是梦女这种无私的帮助。

【梦境的第四段】

梦女帮丁当做了作业，但突然意识到自己的作业还没有写好，这时候很焦急。这一段是梦女听到丁当要出版作品之后焦虑心理的真实反映。梦女觉得自己在督促丁当写作这件事情上花了很大的工夫，耽搁了不少的时间和精力，到头来却把自己的事情落下了。现在到了出成果的时候，自己却拿不出来，进展得不是很理想，因此，梦女在这件事情上有点儿焦虑，反映在梦境之中。

梦女告诉大家自己把作业弄丢了，这其实是一个谎言，真实的情况梦女自己心中有数。这说明在写作一事上，梦女有点儿小委屈，觉得自己既要督促丁当写作，又要自己写作，哪里忙得过来啊。但是，梦女还是不愿意把责任推给别人，所以找了一个借口，说作业弄丢了。

【梦境的第五段】

这一段更进一步表达了梦女懊悔的心理，可以说是梦女欲哭无泪的表达，看来丁当出书这件事情对梦女的触动是很大的。从此之后她应该会更勤奋地投入到写作之中去，因为在梦境中她要求大家给她一个机会，实际上是她自己要给自己一个机会。

【梦境的第六段】

这一段可以理解为梦女的自我安慰。也就是说，虽然自己的写作没有完成，但思路还是很清晰的，即使会比原来的计划慢一些，又耽搁了一点儿时间，但是，自己还是有信心完成原定计划的。所以梦境中有掌声响起，是对梦女的肯定。

【梦境的第七段】

这一段可以理解为梦女的一种自我激励和对未来的展望。首先是职业上获得了一个方向，进了投资学校的那个企业上班；其次是由于自己当年坚强地完成了作业，得到了领导认可；然后是很多年以后回到学校，发现厕所真的变成了实验室，说明过程虽然艰难，但是理想是可以实现的。从而，梦女生出很多感慨，觉得人生只要努力奋斗，一定会创造出成绩，到时候再回过头来看，一定会感叹人生的万千变化。

我们看到，这个梦境将梦女的高兴、失落、懊悔等心理刻画得淋漓尽致，表达了梦女在他人成就的刺激下的一种自我反省。从失落、懊悔到找借口为自己开脱，最后发觉此路不通，还是应该正视现实，奋起直追，才能实现自己的人生理想。

这就是我们面对理想的心态，想起来都很激动，但是真正实现还需要付出艰辛的努力，需要持之以恒的奋斗。任何躺在理想之上睡大觉的行为，都是理想实现的大忌，这样的理想不能称为理想，应该叫空想。

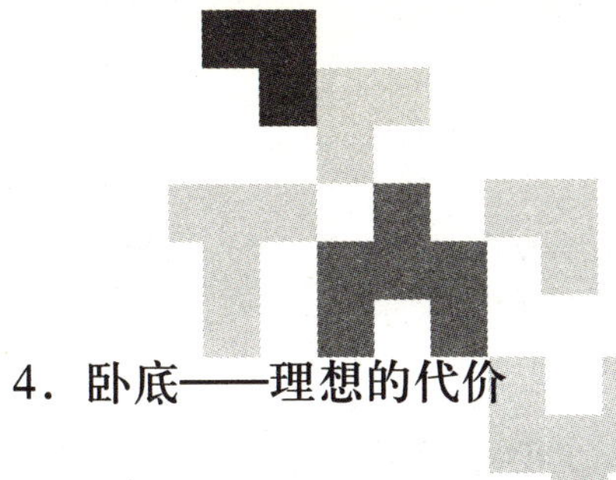

4. 卧底——理想的代价

实现理想，不仅要付出努力，有时候还要付出代价，这个代价，就是理想尚未实现之前的忍辱负重或者委曲求全。这个世界从来没有一个完美的环境可以让我们无牵无挂、自由自在地去追求自己的理想，我们都是在某种限定的条件和环境中的。这些环境由不得我们来决定，都是人生和现实设定好的，就像你手中抓好的牌一样，你无法改变。我们要做的，就是正视手中的牌，算好手中的牌，并尽量将这副牌打漂亮，这才是理想的实现过程。

一位80后职场女性最近做了一个梦。梦的内容如下：

我在一家公司上班，老板换人了，原来的老板是个女的，不知为什么被公司开了。大家觉得新上任的老板很严肃，但我觉得还不错，我跟他在电梯里有过一面之缘，他好像还很器重我。

后来一群日本人冲进了我们公司，把我们都抓了起来，还换上了囚衣，第二天晚上要被枪毙。我和我的同学一起商量着怎么逃跑，可是我们都没有这种经验。日本人很残忍，要把我们分批枪杀。到我们那一批的时候，枪扫射了起来，非常可怕，我看到很多人都倒下了，于是我让我的同学跟我一样装死。一阵枪杀过后，日本人一个一个地检查人是不是死了，检查到我同学的时候，他们说体温降低，没救了。检查到我的时候，我很怕痒，差点儿笑出来，心里害怕极了，可是日本人说体温降低，没救了。我也不知道我那时怎么会体温降低，总之逃过了一劫。日本人收工去吃饭了，我和我的同学爬起来，走到囚犯堆里，我们都吓得直哆嗦，因为今天没有死的，明天还会死。我和同学也想不出用什么方法逃出去。

突然有个日本人拿了一张请帖给我，说我们公司的老板要举行年度酒会，让我一定明天要去参加。拿着这张请帖我就可以出去了，不过参加完酒会还得回来送死。我和我的同学都觉得先出去就有机会跑了。走的时候觉得很心虚，可是，听到枪杀的声音不断，我就再也不想回头了。父母还不知道我被抓了，打电话给我问为什么不回家，我说我在参加老板的酒会。在酒会上，老板说，我听说你们被抓了，不能明着救你们，所以筹备了这个酒会，只可惜不能把大家都救了，差一点儿就连你也救不了了。我突然觉得连国家都没有了，已经被日本人侵占了，工作又何妨呢？就算明天不死，看到这些日本人凶残地杀害老百姓，我也觉得心寒。想到我还有同学没有救出来，我接受了老板的邀请。

后来，我似乎成了一个像《色戒》里王佳芝一样的角色，跟着我的老板一起工作。同时，私底下做特务，引诱汪精卫。最后，我应该是死了，新中国成立需要付出这样的代价，这是我当时临死前的想法。

在开始分析这个梦之前，有必要知道一下这个梦的一些背景。

梦女是一位注重灵性的女孩，当她遇到难以决定的问题时，她会通过做梦来探求自己心灵的真实想法。这个梦，就是在这样的一个背景下产生的。

这位梦女，最近面临着事业的选择困惑。一方面，梦女年纪轻轻就已经在职场上混得风生水起，坐在同龄人羡慕的位置上，拿着同龄人眼红的高薪，在目前经济低潮之际更显不易。唯一美中不足的是公司所在的城市，不是一个很有魅力的宜居城市，而且远离梦女的家乡和亲人们，而梦女偏偏又是一个很恋家和重亲情的人。

另一方面，梦女还是一个颇具才华的才女，能歌善舞，爱好文学和音乐。但是，现在所从事的职业却与自己的兴趣爱好相距甚远，以前梦女一直在困惑，到底是挣钱重要还是兴趣重要？最近梦女似乎把这个问题给想通了，觉得还是兴趣重要，人生就应该做自己感兴趣的事情，这样才有精彩和幸福可言。因此，梦女下定了决心，要回到家乡做自己感兴趣的事情。然而，知易行难啊，要放弃现在的职位和薪金（要知道那也是五位数的月薪啊），特别是在经济不景气的今天，需要多么大的勇气啊！况且，未来会怎么样，自己的兴趣能不能发展成一项事业，都是未知的，是没有办法看清楚的，也就是说，是充满风险的。要放弃既有的利益去追求一种虚无缥缈的未来，是人都会掂量掂量的。

梦女虽然在内心深处还是倾向去做自己感兴趣的事情，但是，面对现实和理想之间巨大的差异，特别是作为一个孝顺的女儿，父母都已经退休在家，自己的这份薪金可以支撑整个大家庭的生活，要作出选择是何其艰难。在左摇右摆之际，梦女想到了一个聪明的好办法，就是向心灵要答案——在睡觉前苦思这个问题，然后暗示自己做一个关于此问题的梦出来，最后通过释梦来获得答案。

【梦境的第一段】

这一段其实是开门见山，表达了一种职业的变动，换老板其实是换职业的象征。在梦境中，这表达了梦女对未来职业转换的不安定感，因为期盼新老板的垂青就意味着对未来缺乏信心。这是一种对未来期盼而又缺乏安全感的心理。

【梦境的第二段】

这一段刚开始表明了一种被逼到死路的绝境。因为梦女决定在春节时辞职换新的工作，日子一天天逼近，似乎到了该作决定的时候了，所以，在梦境中表现出来一种没有退路的状态，死路一条。但是，梦女仍然在想逃跑的方法，也就是说，她觉得还有生存机会，其实是还有选择的机会。在现实生活中，梦女感觉到要作决定的日子已经一天天逼近，但是，梦女还没有作好最后的准备，还在寻找其他的途径，或者说，希望逃避这种选择。当然，最后是一种折中的办法，既不逃离，又不希望死，采取装死的办法。装死，意味着什么也不做，是一种被动的防御机制。这表明了梦女在巨大的抉择压力下大脑一片空白的状态，不希望作抉择，把这件事放下来，拖一拖，看看有什么样的结果。这是一种拖延战术，也是现实生活中梦女矛盾心理的防御机制。

但是，梦女似乎也意识到，这样拖延其实不能解决实际问题，问题迟早会来临，没有退路，因此，仍然有强烈的紧迫感（因为“今天没有死的，明天还会死”）。

【梦境的第三段】

梦境在这里峰回路转，机会来了，但是这机会不是一个彻底的解决方案，只是暂时缓解形势——“拿着这张请帖我就可以出去了，不过参加完酒会还得回来送死。”而且，还有同学没有出来呢，表明这个临时方案还留有尾巴。不管怎么样，过了这一关再说，梦境表达出这种强烈的愿望。

这是怎么一回事呢？在现实生活中，梦女的一个好友在做自己感兴趣的事情上取得了突破性的进展，这一点对梦女触动很大。其实，朋友的这一份事业，梦女一直是其中积极的参与者。在梦境中收到老板的请柬，其实就是梦女加入这位朋友新事业的象征。但是，朋友的新事业也是刚刚起步，梦女所做的事情也只是临时利用业余时间在帮忙。对梦女而言，这似乎让她看到了将来自己前途的希望。所以，这件事情，在她看来是一种机会或者说是一种转机，一次对未来抉择的转机，至少提供了一种可供参考的模式。因此，接受了老板的邀请，表达的是虽然这样做还没有解决所有问题，但这至少是一个解决方案，至少可以暂时不死，暂时不用面对这个紧迫性的问题。

父母打电话来，自己隐瞒被抓和要被枪决的真相，而只是告诉父母自己在老板的酒会上。这一段表达了梦女不想让父母担心的心理，也就是说，如果梦女要放弃现有职业去追求理想，她预感到这件事一定会引起父母的担忧。这表达了梦女在作这个决定时对父母心态的一种顾虑。

我觉得到这里，梦女内心深处真实的想法基本上浮出水面了——其实梦女内心只是采取一种折中的、临时性过渡的方案，希望借此摆脱自己眼前需要抉择的问题，跟着这个过渡方案走一走，看看能走多远，能解决什么问题，里面是否存在机遇。

【梦境的最后一段】

这一段挺有意思，跟《色戒》扯上了，有一点儿青春女子的浪漫情怀，又有一点儿视死如归的感觉。你想想看，做特务多刺激，做女特务更刺激，做用色相去勾引敌人的女特务那简直是酷毙了。当然，我们要讲的是这种梦境所表达的主题。一方面表达的是梦女继续脚踏两只船的心态——既守住现有的职业，又不放弃利用业余时间做自己感兴趣的事情，这就像做特务工作一样令人兴奋和刺激。另一方面，表达的是一种内心深处对志趣的追求态度，也就是说，为了自己的兴趣和爱好，她可以抛弃一切。

这就是最后的梦境所表达出来的心态，这当然是一种矛盾的心态。也许，梦女是对的，因为决定是一回事，时机又是另外一回事。事物之间的过渡如果采取非此即彼的方式其实并不可取，这样风险最大。而事物之间的顺延，也就是说柔和过渡，伤害其实是最低的，风险也是最小的。

人摆脱不了利益主体的定位。对于人来说，任何事情都要评估得失，然后作出决定。采取放弃既得利益而去追求未来不可知的利益的行为，风险最大，这需要强烈的信念和信仰，不是一般人可以做到的。承认自己是凡人，就不要这样去勉强自己。既保有自己的既得利益，又能够心怀理想，并且朝自己的理想一步一步走下去，等能看得到未来时，再果断抉择，这不失为一种稳妥的办法。当然，不利之处就是时间成本，也许我们要花费更长的时间来达成我们的理想和目标。但是，兴趣与爱好的本质其实不是结果，而是享受过程。从这个角度来看，我们又有什么必要孤注一掷呢?

留得青山在，不怕没柴烧。只要朝着自己的目标一步一步进发，结果一定会是“水滴石穿，水到渠成”。

5. 明星运动会——榜样的力量

知道追星族的意义在哪里吗？因为追星可以让我们有一个明确的人生目标，令我们认识自己，不会失去方向。人生的旅途上，我们经常会产生困惑，迷失自己，迷失人生目标和人生理想——到底什么样的人生才是我们应该要的呢？面对人生的各种困境和变迁，我们应该怎么办？这时候，我们就看到了——榜样的力量是无穷的。

这是一位80后OL在奥运前夕做的一个有趣的梦，因为这个梦是关于运动会的，在奥运会之前做这个梦，很有纪念意义。同时，这个梦里有好几个当红明星，所以显得更加有趣。至于这个梦到底讲的是什么？我们现在就来看看吧。

这是一个关于运动会的梦，参赛队员如下：

梦女、蔡依林、张柏芝、王菲、梦女的妹妹冰，梦女的职场引路人OK同学。

裁判是梦女的另一个妹妹莹。

大家看到，参赛队员阵容很强大，可以说是星光熠熠。关于参赛运动员，蔡依林、张柏芝、王菲等就不用介绍了，大家都很熟悉。但对于其他的非明星参赛队员，有必要预先作一个简单的背景介绍。

梦女：职业女性，未婚，80后，大学毕业参加工作有五六年了，独立负责一项工作。

妹妹冰：80后，大学毕业刚参加工作，内向、敏感、自我。

OK同学：男，梦女的上级，职场引路人，以一种大哥哥和长辈的心态关注着梦女。

妹妹莹：80后，前跳水运动员，现跳水教练，开朗、外向、洒脱、有主见。

下面是梦女对梦境的叙述：

枪响了，大家都开始跑了，我却跑不动，定在那里死都跑不动。裁判说，你不如往反方向跑试试看，反正也可以到终点的。于是我试了，确实可以跑。

可是这时，OK同学出现了，他跑得很快，还回头对我说，你追不上我的，你跑得太慢了。你应该跑那个方向，那是女生的跑道。

妹妹冰也出现了，她说这个道是对的。裁判是我的妹妹，她也说是对的。

路上，遇到蔡依林，她在练钢管舞，我问她你不跑步吗？她说没意思，是经纪公司要她来参加的，名次对她来说不重要。还说，你快跑吧，你落后很多了。

于是，我又跑。这次遇上了张柏芝，她在和她宝宝玩，我问她，你不跑步吗？她说她在等谢霆锋，说谢在和王菲谈分手，她在这里等他。我说王和谢早就分手了呀，你们不是结婚了吗？她说，你不知道，真正的情况不是这样的。但是张柏芝很开心的样子，而且很有自信。

继续跑的时候，又看到了王菲，她也在跑，我就对她说，你跑得真快呀。她笑了笑说，参加比赛，不跑快为什么要来参加呢？我说可是她们都在后面呀。然后王菲说，那是因为她们跑得慢，所以不跑了。然后她催我说，前面还有人，快点追上。

于是我又继续跑，很奇怪的是，我一点儿也不累，可是大家为什么都在我后面呢？前面有个岔口，我看到了OK同学，于是加快步子，可是OK同学突然很凶地对我说，你为什么要和我一起跑？我说，我也不知道。他说，你不知道这是什么比赛吗？乌龟是不能来参加的。可是我不是乌龟呀，我明明就是个人。他说，你不要跟着我，你跟不上的，你从那条路走吧，这样，至少你可以跑得赢你后面那几个人。可是我还是跟着他跑。

风突然很大，又下雨了，打雷，闪电。我说，OK，你等等我，我不会跑赢你的！可是他不理我。这时，妹妹冰出现了，说，姐姐，我们回家唱歌去吧。我对她说，现在不是在比赛吗？她说没有啊。我说你看大家都在跑呀。

这时，蔡依林过来了，她对我说，我知道你很喜欢我，所以，我是故意跑输你的。张柏芝也过来了，说我们大家都是故意输给你的。然后我就问，那我为什么要跑步呢？他们就都不见了。

裁判莹在大叫，还有 10 秒了，你为什么停了？可是我不敢跑，因为 OK 同学很凶，我心里在想，他不是跟我关系很好的吗？为什么要凶我呢？我边跑边哭，累死了，跑了一晚上。没有结果，也没有醒。估计是后面有结果，我忘了！

这就是整个梦境。有趣的是，梦女自从第一天晚上做了这个梦之后，又连续做了三天，每天都是一模一样的运动会的梦。

为了来解这个梦，我们必须对这个梦的背景有所了解。

据梦女介绍，在职场引路人 OK 同学的关注及自己本身的努力下，她在公司一直干得不错，年纪轻轻就获得提拔重用，在工作中做出了一定的成绩，获得了领导和同事们的认可。在旁人看来，梦女算得上是春风得意了，在职场上一帆风顺，可以说是生活在职场的伊甸园中，一切都是那么美好。

但是，梦女可不这么想。梦女是一个有理想有抱负的好青年，对自己的要求很高，希望自己不断进步。同时，她对工作环境的要求也很高，希望自己能在一个宽松和心情愉快的环境下工作。还有，梦女是一个孝顺的女儿，希望自己多挣钱，让父母过上更好的生活。梦女干活不怕苦不怕累，就是怕别人不信任。因此，她希望自己在充分的信任下工作，这样才能充分发挥自己的潜能，工作起来才有劲头。

问题是，最近情况发生了变化。

梦女以前的职场领导，现在在另一家公司做领导，看中了梦女，想高薪把她挖过去。我前面说了，梦女是一个孝顺的女儿，总是想挣更多的钱让父母的日子过得更好。不管怎么说，能多挣一点儿钱总是不会错的吧。因此，梦女动了心，这个诱惑力还是很大的。

再加上现在公司内部也发生了一些变化，职场引路人 OK 同学已经不直接分管梦女，梦女有点儿不适应。而且管理层级又增加了，梦女必须向更多不同的领导汇报工作，而每一个领导的意见都不同且都很模糊，这让她更加迷惘和不适应了（当然这种迷惘是由于梦女的职场经验不够丰富，也可能是她要刻意保持自己的职场单纯所造成的，因为对于职场老手来说，领导越多对自己越有利）。一想到要在这样的职场环境下生存，梦女就会不禁打一个冷战。所以，按理来说，在这种情况下，梦女完全可以下定决心跳槽了。

但是，问题并不是这么简单。跳槽去另一个公司，虽然有前领导罩着，但毕竟是一个新的环境，而且对新公司的企业文化也不了解，将来共事的人不知道好不好打交道。将要担当的职务虽然与现在的工作性质相近，但毕竟是一个新的领域，会有很多新的业务需要自己去学习和摸索，所以，职业挑战也是很大的。

另外，梦女原来一直在 OK 同学的信任和关怀下成长，只要把工作干好，其他事情都不用操心，完全不用涉及办公室政治，梦女已经习惯了这样一种职场生存方式了。现在有变化，人都是有懒惰或者说惯性心理的，所以不愿意改变。并且对未来的不可知，也会给人造成心理的焦虑和不安。

在这样一种背景下，梦女陷入了矛盾之中，一会儿觉得这样好，一会儿又觉得那样好，选择是最让人痛苦的了，梦女不知如何来取舍。

于是，梦女来征求 OK 同学的意见。梦女觉得 OK 同学的回答等于没有回答。他是这样说的：“近期你内心最需要什么，你就选择什么。”这等于又把皮球踢回给了梦女。梦女心想：我要那么清楚知道自己需要什么，还用得着来问你吗？但 OK 同学的观点却是：我又不是你，我怎么知道你内心最需要的是什么？况且，决定还得自己作，没人代替得了。

当然，由于受到过梦侦探的熏陶，梦女已经具备一定的梦学知识了。她知道，要想了解自己内心的真实需求，做梦是一个很好的途径。于是，每天睡觉之前，梦女都暗示自己：晚上一定要做一个职业选择的梦。可是天公不作美，连续几天，平时多梦的梦女竟然一个梦也没有做，这可把她给急坏了。

后来，梦女的妹妹莹出差来深圳。于是，梦女叫上妹妹冰和 OK 同学一起去唱歌，唱了一晚上，喝了三瓶红酒，玩得挺开心。最后，梦女喝得酩酊大醉，一边一个人扶都扶不住，打的回到家后根本无法上楼，是 OK 同学像扛沙包一样扛上楼的。

当然，那天晚上唱了很多蔡依林、张柏芝、王菲等人的歌，也顺便八卦了一番。所以，大家应该知道明星运动会的由来了。

这是一个关于职业选择的梦，更是一个关于多种职业理想冲突的梦，当然也是一个关于职业与生活如何平衡的梦。所有这些因素全部交织在一起，在唱歌酒醉之后出现在梦境中。

下面我们来具体分析梦的内容。

跑步，可以理解为一种竞争，一种社会竞争，或者一种人生竞争。

“枪响了，大家都开始跑了，我却跑不动，定在那里死都跑不动。”这表明梦女不知所措，或者受到了什么刺激，这是一种面对突如其来的变化的反应。

“裁判说，你往反方向跑试试看，反正也可以到终点的。于是我试了，确实可以跑。”裁判莹是生活中有主见、灵活性强的人，较洒脱，知道自己需要什么，经常充当意见领袖的角色。在梦女的职业选择过程中一定给过她意见。

“可是这时，OK 同学出现了，他跑得很快，还回头对我说，你追不上我的，你跑得太慢了，你应该跑那个方向，那是女生的跑道。” 梦女说，OK 同学的男女性别意识较强，平时常表现出大男子主义，对男女的要求不一样，希望女孩就扮演女性角色，不要给自己太大的压力。在梦女的职业选择上，OK 同学曾多次表达过这种意见。梦女有较强的自立意识，而且还要做一个孝顺女，想多挣一点儿钱给父母花，所以一定要证明自己能行，这就造成了选择的冲突。

“妹妹冰也出现了，她说这个道是对的，裁判是我的妹妹，她也说的是对的。”妹妹冰代表了女性的社会观，OK 同学和妹妹冰的观点实际上代表了男女两性社会观念的对立，也是职业角色与女性角色谁优先的选择困惑。梦女不知道自己应该选哪条路，有点儿困惑。

遇到蔡依林，她在练钢管舞，代表一种尽情展现自我、优雅而有艺术品位的生活，实际上是一种女性角色的回归，与社会竞争的生活方式不一样。也就是说，在梦女的内心深处会有一种观点认为，女性的职业角色就应该像蔡依林一样，虽然身在职场，但不深陷其中，要淡泊名利，所以蔡依林才不在乎结果。这是梦女的职业理想之一。

接着，又遇上张柏芝，在梦女心中，柏芝则是坚忍和勇气的象征，在经历了“艳照门”事件之后，依然坚强勇敢地面对一切，还带着宝宝远飞泰国去探谢霆锋的班，更把她的这种坚忍表露无疑。所以在梦中即使有很多没有解决的问题，她依然充满自信，因此，张柏芝是梦女在遇到挫折时的楷模。这又是梦女的另一种职业理想。

也就是说，梦女虽然希望自己能有像蔡依林一样从容不迫的心态，但同时也很希望自己有勇气面对职场中可能出现的困难和挫折，做一个坚强的职业人，而不是一个容易被困难打倒的弱者。这种职业理想，实际上是矛盾的，因为它更倾向于男性的职业理想，是男性在职业生涯中必须具备的。梦女从本质上来说具备这种气质和勇气，只是这些都深深地扎根在她的内心深处，是她的潜意识，她自己并不能很清楚地意识到，但它却在控制她的行动和选择。这是造成梦女困惑的一个重要原因，因为，她的意识告诉她：我是一个女人，要选择符合女性角色的职场生涯。这两者形成冲突矛盾，但都是自己的想法，所以无法调和。

而王菲在梦女心中是理想主义个性的象征，追求完美，勇于追求自己的目标，不管别人怎么说，只管朝着自己的目标走，一定要做到最好。梦女个性中也有追求完美的倾向，所以，你想要她像蔡依林那样应付职场工作是不可能的，因为这种个性的人做事情，要么不做，要么就做到最好。所以，这是一场个性与职场角色定位之间的冲突，也是难以解决的。

接下来这一段主要是讲在这次职业选择过程中OK同学的存在意义。岔口，实际上就是面临选择。OK同学希望梦女根据自己内心的需要作出选择的建议被她误读为弃她于不顾的信号，造成梦女依赖心被切断时失落的反应。透过梦境，可以看出来，梦女对OK同学的依赖心是很重的，这表明梦女面临心灵的成熟期，面临在职场和社会的真正独立期，犹如一次精神上的断奶。这次断奶，对于梦女而言，是一件很重要的事，可以让她获得精神上的完全独立，虽然痛苦，但是必需的。

乌龟有多重含义。一是与OK同学的玩笑，兔子与乌龟赛跑，没有什么其他意义；二是表明男女有别，是两种类型的人，有些竞争不是乌龟可以参加的；三是乌龟感觉兔子嫌自己慢，拖了后腿的一种自我责备。这是心理断奶期的一种正常的负面情绪反应，会有一种被遗弃的心理，往往会归咎于自己。如果没有非常严重的刺激，这种负面情绪就会随着时间的推移慢慢消失，最后顺利完成整个心理断奶期。

在害怕被抛弃的情况下，当然会条件反射式地跟得更紧了，即使雷鸣闪电，风雨交加，梦女知道外部环境的变化越来越恶劣并对自己不利，她仍然不愿意放弃。就像小时候被哥哥嫌弃的小妹妹一样，哥哥的衣角就是她全部的精神力量。小妹妹会千方百计央求哥哥带着自己玩，并不断保证不会给哥哥拖后腿，这时候什么条件她都会答应，只要不要让她离开。因此在梦中，梦女会语无伦次，说出“OK，你等等我，我不会跑赢你的（实际上不存在任何竞争关系）”这样的话。

这时妹妹冰出现，要和梦女去唱歌。梦女如梦初醒，人生可能并不完全就是一种竞争，该竞争时竞争，该放松时放松。这时候大家都过来说“我们都是故意输给你的”，让梦女很泄气，对自己跑步（竞争）的动机产生了怀疑，为什么要竞争呢？是跟自己竞争还是跟别人竞争呢？为什么大家都要对我这么好呢？这个念头刚刚闪过，却又有声音在喊——“还有 10 秒了，你为什么停了？”再次说明梦女承受了较大的压力，而且时间压力也很大，所以稍一放松又会神经质地自我紧张起来。

“可是我不敢跑，因为 OK 同学很凶，我心里在想，他不是跟我关系很好的吗？为什么要凶我呢？我边跑边哭，累死了，跑了一晚上。”从梦境中我们可以看出，OK 同学一定觉得她已经过分执著于这次职业转换，并给她自己强加了太大的压力：工作、生活、事业、爱好等。温和的方式已经没有办法让她醒悟，唯有采取较强硬的态度。但习惯了 OK 同学温和方式的梦女无法接受这种强硬的态度，因此觉得自己受了莫大的委屈。从 OK 同学的角度看来，虽然这种方式对她的短期情绪有消极影响，但对她顺利度过这个心理断奶期而言，是必需的。可惜 OK 同学的这一番苦心还不能得到梦女的充分理解，也许心里理解了，但情绪上接受不了，因此有强烈的委屈感，边跑边发泄出来。

这就是整个梦境的全部内涵。

这个梦的有趣之处还在于，这可以看成一个梦，也可以看成是梦女酒醉后的幻觉，可以说是介于梦幻之间。这还可以看成是梦女的一种自我对话，借助于各种具有象征意义的角色来把自己心中各种想法展现出来，有点儿单口相声的味道。

这个梦境，表面上是一种职业与生活的选择困惑，实际上是面临第二次断奶期——心理断奶期的焦虑和不适应。选择新的职业，就意味着要断奶。梦女彷徨，不知所措。

其实，从梦境和现实来看，梦女是足够坚强的、自立的，已经是一只羽翼丰满的雄鹰，具备展翅飞翔的能力了。但是她自己还没有意识到，也还没有真正独立地飞翔过，同时对独立飞翔充满了疑虑，所以对自己没有太大信心。这些，都导致了选择的困惑和矛盾。

其实对梦女而言，飞起就是成功。因为人生的理想可以有多种不同，最关键的是，面对挑战时的态度。勇于面对挑战和人生的各种变故，用智慧去解决问题，有什么理想不能实现呢？